横田一の現場直撃Ⅲ

亡国の国賊

——旧統一教会との癒着——

・安倍晋三

緑風出版

はじめに

村上誠一郎元大臣の国賊発言、「財政、金融、外交をぼろぼろにし、官僚機構まで壊して、旧統一教会（世界平和統一家庭連合）に選挙まで手伝わせた。私から言わせれば国賊だ」はまさに「国賊」と呼ぶに値する〝アベ政治〟の問題点（弊害）を列挙したものだった。「旧統一教会（世界平和統一家庭連合）に選挙まで手伝わせた」というズブズブの関係を安倍家三代にわたって続け、選挙支援（信者の無償労働提供）の見返りに霊感商法や高額献金を野放しにし、自ら広告塔の役割を買っても出ることで、韓国教団に日本人の富（財産）を流出する片棒を担いだのは紛れもない事実だった。

「財政、金融、外交をぼろぼろにし」というのも事実に即していた。約十年間にわたる異次元金融緩和が柱のアベノミクスによって、対ドル円相場は民主党政権時代の七〇円～八〇円台から一四〇円～一五〇円台となった。自国通貨価値が半減する事態を招き、輸入物価高が国民生活を直撃している。これも安倍元首相が残した負の遺産なのだ。

「地球儀を俯瞰《ふかん》する」と称賛された外交でも、「同じ未来を見ている」と厚い信頼関係をアピールしたプーチン大統領を地元山口県の温泉宿にも招いたり、日露経済協力にも力を尽くしたが、北方領土交渉で二島先行返還すら実現しなかった。トランプ大統領（当時）との蜜月関係もアピールしたが、初面談早々に頼まれたカジノ法案を成立させ、イージス・アショアなど米国製高額兵器を爆買するなど「米国益ファースト・日本国民二の次」の姿勢が露わになっただけだった。従軍慰安婦問題でも若手議員時代に暴言を吐き、徴用工問題でもこじれて日韓関係は戦後最悪となった。外交政策でも「国賊」と呼ばれても仕方がない国益を毀損する失政のオンパレードだったのだ。

「官僚機構まで壊して」というのも事実。忖度《そんたく》官僚だらけとなってアベ友優遇政治が横行して、森友問題や加計問題や桜を見る会問題を引き起こし、国会での虚偽発言は百回を超えた。

共産党の志位和夫委員長が国葬当日の国会前反対集会で「戦後最悪の安倍政権」と最低点をつけたのは、至極当然のことだったのだ。

安倍元首相ほど虚像で塗り固められた政治家は珍しいのではないか。韓国教団へ日本人の富（財産）を流出させ（高額献金を野放しにすることで教団に便宜供与）、自国通貨の価値を半減させても謝罪も反省もせずに円安メリットを強調するだけ。安倍元首相の実態（実像）を目の当たりにした記者なら誰もが、称賛一色の追悼番組や国葬に対して強い違和感を覚えたのはごく自然のことだったのだ。数々のマイナス面を水に流し、プラス面だけをことさら称賛する国葬や県民葬に対して反対の世論が賛成を上回ったのは、特定の価値観（人物評価）の押し付けに対する拒絶反応ともいえる。そこで、安倍元首相の国賊ぶりを各分野ごとにまとめ、今後、私たちが清算すべき負の遺産を示すことにしたのだ。

目次

横田一の現場直撃Ⅲ

亡国の国賊・安倍晋三

旧統一教会との癒着

第10章　外交もぼろぼろにした国賊・安倍元首相 ―― 189

第1章　「旧統一教会に選挙まで手伝わせた」ズブズブの関係

銃撃事件の３日前の2022年７月５日、参院福島選挙区で応援演説をする安倍元首相。

1　安倍元首相銃撃事件で追悼報道一色で自民大勝

参院選投開票二日前の二〇二二年七月八日午前、ネット媒体「データ・マックスNetIB-News」（児玉直代表取締役）に安倍晋三元首相直撃（声掛け質問）を盛り込んだ参院選最終盤の原稿を入稿した直後から、奈良選挙区自民公認候補の応援演説中に安倍元首相が銃撃されたニュースが一斉に流れ始めた。「掲載延期か」との思いがかけ巡ったが、トップの判断で同日の十五時四十分に即日公開された。タイトルは「『アベノミクス』のメリットばかり強調の安倍元首相」。

私はこの頃、日刊ゲンダイで激戦区ルポ（長野選挙区と福島選挙区）を担当していたこともあり、与野党が競い合う一人区を中心に取材。ちょうど宮城選挙区と福島選挙区の取材を終えて東京に戻り、銃撃事件三日前に両選挙区で安倍元首相を直撃（声掛け質問）した選挙ルポをまとめて編集部に送った途端、衝撃的なニュースが飛び込んできたのだ。

入稿原稿を元にした記事は冒頭で銃撃事件について「奈良市内で街頭演説をしていた安倍晋三元首相が八日午前、銃撃され心肺停止状態に陥っている。NetIB-Newsでは、安倍元首相が五日に仙台で応援演説を行った際のレポート記事を掲載する」と触れた上で、予定通り本文が掲載された。二日後の参院選投開票日に向けて有権者の判断材料を提供するという方針が貫かれたともいえる。

銃撃事件が起きた時に山形にいた岸田首相はすぐに官邸に戻って十五時前から記者会見。「民主主義の根幹である選挙が行われている中で起きた卑劣な蛮行であり、決して許すことはできない」と述べた。野党も次々と談話を発表。立憲民主党は「非道な行為は絶対に許さない」と題する声明で「民主主義に対する重大な挑戦」と非難、「言論の自由を守っていく」と決意表明をすると、れいわ新選組も「言論と政治活動を封じるものであり許されない」とコメントした。

メディアも銃撃事件一色となった。十七時すぎに安倍元首相が亡くなると、今回の銃撃事件を戦前の暗殺事件（テロ）を重ね合わせながら、「暴力による言論封殺」「民主主義を破壊するもの」と声高に叫び、安倍元首相追悼の翼賛報道を延々と垂れ流し始めたのだ。その一方で選挙関連報道は激減、弔い合戦のような様相を帯びたことから自民党への追い風となり、自民大勝・野党敗北の選挙結果につながることにもなったのだ。

そんな中でメディアの銃撃事件の捉え方について疑問呈示をしたのは、元検察官の郷原信郎弁護士だ。「安倍元首相殺害事件は、『一つの刑事事件』として真相を見極めるべき」と題する二〇二二年七月九日のニュースレターで次のような指摘をしたのだ。

「今回の事件の発生直後から、『言論を暴力で封じ込める行為』『自由な民主主義体制を破壊する行為』などの言葉が使われていることには違和感を覚えます」「犯罪の動機が、選挙運動の妨害などの政治的目的であったとする根拠は、今のところありません。選挙期間中の街頭演説中の犯行だったことだけで、犯行の政治性や、選挙との関連性を決めつけた見方をすることは、逆に、選挙や政治に不当な影響を与えることになりかねません」。

そして郷原氏は、銃撃事件の動機・目的に関する山上徹也容疑者の供述報道内容「（安倍氏が）団体とつながりがあると思った」「母親が（この宗教団体の）信者で、多額の寄付をして破産したので、絶対に成敗しないといけないと思っていた」を引用した上でこう続けていた。

「そう（報道の通り）であるとすると、政治的目的はなく、個人的な恨みを動機とする犯行を行うに当たって、それが可能だと考えた現場が、たまたま選挙演説の場だったことになります」

さらに郷原氏は安倍元首相と旧統一教会を結びつける公開抗議文について紹介していた。

「二〇二一年九月十七日に、全国の弁護士三〇〇名からなる『全国霊感商法対策弁護士連絡会』が、特定の宗教団体について、信者の人権を抑圧し、霊感商法による金銭的搾取と家庭の破壊等の深刻な被害をもたらしてきた問題について、国会議員や地方議員が特定の宗教団体やそのフロント組織の集会・式典などに出席し祝辞を述べ、祝電を打つという行為が目立っており、宗教団体に、自分達の活動が社会的に承認されており、問題のない団体であるという『お墨付き』として利用されているとして、安倍晋三衆議院議員宛てに公開抗議文を送付していた事実があり、特定の宗教団体による被害を、安倍元首相への恨みに結び付けることも考えられないわけではありません」

しばらくすると、安倍元首相を銃撃した山上容疑者の動機に関するニュースが流れ始めた。家庭を破産させた宗教団体「世界平和統一家庭連合（旧統一教会）」への恨みで団体トップを狙おうとしたが、困難だったので断念。その代わりに教団とつながりがある安倍元首相を狙ったというのだ。ネット上でも「旧統一教会関連団体のイベントで流れた安倍元首相のビデオメッセージ」の動画を見ることができた。山上容疑者が安倍元首相を旧統一教会の広告塔のような存在と見なし、犯行に及んだ可能性を示す情報が出てきたのだ。

銃撃犯の母親は「篤志家」と呼ばれていたという。「篤志家」とは旧統一教会で多額の献金をした信者を呼称するもので、母親の献金は判明しているだけで一億円以上と報じられた。

ブロガーに送られた山上容疑者の手紙の存在も明らかになった。発送日は事件発生前日の七月七日で、次のように綴られていたのだ。

「私と統一教会の因縁は約三十年前に遡ります。母の入信から億を超える金銭の浪費（献金）、家庭崩壊、破産――。その間の経験は私の一生を歪ませ続けたと言っても過言ではありません」「（旧統一教会を創設した）文一族を皆殺しにしたくとも、私にはそれが不可能であることはわかっています。安倍は本来の敵ではないのです。最も影響力のある統一教会支持者の一人にすぎません」

銃撃事件直後に垂れ流された表層的な見方「言論を暴力で封じ込める行為」「自由な民主主義体制を破壊する行為」は、山上容疑者の供述によって現実味《リアリティ》を失っていった。「個人的な恨みを動機とする犯行を行うに当たって、それが可能だと考えた現場が、たまたま選挙演説の場だった」という郷原氏の〝政治目的否定説〟が有力になっていったともいえる。

しかし事件直後の洪水のような〝追悼翼賛番組〟の第一印象はあまりに強烈だった。物価高騰が参院選最大の争点に浮上、「安倍忖度の岸田インフレ」への審判が下されようとした直前、安倍元首相銃撃事件が起きて「政治的テロで非業の死を遂げた元首相」というイメージが広まり、国民生活に密接な関係のある一大争点がかすんでしまったのだ。参院選の結果は天王山の一人区で自民党は二八勝四敗、改選過半数を占める大勝となる一方、立憲民主党は二三議席から六議席減の一七議席と惨敗をしたのだった。

2 旧統一教会の第一回会見

安倍元首相銃撃事件を機に、自民党と旧統一教会（世界平和統一家庭連合）との関係が再注目され始めた。宗教団体名を実名で報じるメディアが増えてきたためだ。これに対抗するかのように旧統一教会は銃撃事件から三日後の二〇二二年七月十一日、テレビ局と大新聞限定の記者会見を新宿区内のホテルで開いたが、その差別的報道対応は安倍元首相と瓜二つだった。

旧統一教会と三代にわたって関係を続けてきた安倍元首相も、「桜を見る会」の買収疑惑が再燃した直後の二〇二〇年十二月二十四日、自民党を取材する「平河クラブ」所属の記者二四名限定の会見を開いて「検察が厳しい捜査をした結果、問題ないと判断した」と強調した。翌十二月二十五日の議院運営委員会では「会見を通して国民に説明した」と国会議員にアピールもした。記者クラブに所属しない記者に質問機会を与えないまま、安倍元首相は一件落着をはかろうとしたのだ。

しかし「桜を見る会」前夜祭に参加した地元支援者の会費を一部補塡（約七〇〇万円）していた事実が確定したのだから、公職選挙法が禁止する有権者への利益供与（買収）であることは明らかだった。そこで、フリーの参加は不可だった記者会見場の出口付近で安倍元首相を待ち構えて直撃、こう聞いてみたものだった。

「有権者への買収ではないか。公選法違反は明らかではないか。議員を辞めないのか。秘書への責

銃撃事件の３日後の2022年７月11日、都内のホテルで旧統一教会（世界平和統一家庭連合）の記者会見が開かれたが、招待したテレビ局と大新聞の記者限定。フリーの記者は会場に入ることができなかった。

任押しつけではないか。フリーは排除か」

しかし安倍元首相は無言のまま立ち去った。「桜を見る会」の疑惑でも説明責任を果たさなかったのだ。

今回の旧統一教会の差別的報道対応も、この時と再現ビデオを見ているのかと思うほどよく似ていた。記者クラブに所属していない雑誌やフリーの記者は、ホテル内の会見場に入ることができなかった。受付でテレビ局と大新聞社に限った理由を問い質したが、スタッフから具体的な回答はなく、広報責任者との直談判を求めたが、拒否された。私を含めて排除された記者たちが大声で抗議、会見場内の〝特権的記者〟に向かって全員参加可能なロビーでの囲み取材への変更を呼びかけたが、賛同する記者は一人も現れなかったのだ。

会見内容自体はネットで実況中継された

が、入室を拒否された記者たちには質問の機会はない。そこで会見終了後、説明役の田中富広会長の囲み取材をしようと会場入口で待ち構えたが、いつまで経っても現れない。ようやく会見場への入室が許されたが、田中会長は別の非常口から退出したようで記者クラブ以外の記者も参加可能な囲み取材が開かれることはなかった。

せっかくなのでテーブルとマイクを借りて、旧統一教会を長年取材してきたフリージャーナリストの鈴木エイト氏が説明役となる第二部記者会見を自主的に開催した。その直前の会見中に田中会長が語ったこと、「高額の献金でも自発的に行われているものであるため、問題がない」「二〇〇九年以降は献金をめぐる金銭トラブルはない」「教会に対する恨みから安倍元首相の殺害に至ることはとても距離がある」などが、嘘ばかりあることを解説してもらったのだ。

3　全国霊感商法対策弁護士連絡会の会見——公開質問状無視の安倍元首相

旧統一教会が会見を開いた翌七月十二日、「全国霊感商法対策弁護士連絡会」（略称「全国弁連」）が記者会見を開いた。前日に大手テレビ局と新聞社限定で開かれた旧統一教会の記者会見で、「二〇〇九年以降は金銭トラブルはない」「高額献金も自主的」などと述べた田中会長に反論するのが主目的だった。そして、公開抗議文を出す発端となった安倍元首相の祝辞（ネットで視聴可能）について、

旧統一教会の会見翌日（7月12日）、全国霊感商法対策弁護士連絡会が会見を開いて、自民党と教団とのズブズブの関係を説明していった。

次のような説明（声明文の読み上げ）がなされたのだ。

「安倍元首相が、統一教会やそのダミー組織のひとつである天宙平和連合（ＵＰＦ）などのイベントにメッセージを発信することを繰り返し、特に昨年九月十二日の『神統一韓国のためのＴＨＩＮＫ ＴＡＮＫ二〇二二希望前進大会』（ＵＰＦのＷＥＢ集会）でビデオメッセージを主催者に送り、その中で文鮮明教祖（二〇一二年死去）の後継の教祖・韓鶴子氏に『敬意を表します』と述べたことは、統一教会のために人生や家庭を崩壊あるいは崩壊の危機に追い込まれた人々にとってたいへんな衝撃でしたし、当会としても厳重な抗議をしてきたところです」

安倍元首相が祝辞を送った旧統一教会のダミー組織（友好団体）のイベントは二〇二一年九月十二日に開催され、その五日後に弁護士連絡会が安倍元首相宛の公開抗議文を出していた。しかも、文鮮明教祖の後継の教祖・韓鶴子氏に「敬意を表します」と述べたビデオメッセージはネット上で視聴可能で、山上徹也容疑者も視聴したと報じられていた。未遂に終わった後継教祖への襲撃を断念した山上容疑者が、恨みの矛先を安倍元首相へと切り替えた方針変更については、特に不自然さを感じることはない。「とても距離がある」（田中会長）と捉える方が強い違和感を抱かざるを得なかったのだ。

全国弁連の弁護士の説明は続いた。

「政治家の皆様が政治的信念にもとづいて意見を述べ行動されることについて当会として異をはさむものではありません。しかし、その献金・勧誘行為や信者獲得手法について繰り返し違法である旨の判決が下されている統一教会やそのダミー組織の活動について支持するような行動は厳に慎んで頂きたいと改めて切実にお願いいたします」

全国弁連の代表世話人の山口広弁護士は、こんな補足説明をした。

「安倍先生にも他の政治家にも、何回も『統一教会の社会悪を考えたならば、反社会的団体である統一教会にエールを送るような行為はやめていただきたい。どんなに被害者が悲しみ苦しむのか。しかも新しい被害者が、それによってまた生み出されかねないことを政治家としては配慮いただきたい』と繰り返しお願いしてまいりました」

しかし安倍元首相をはじめ自民党国会議員は、エールを送ったことを反省して霊感商法や高額献金の規制強化に動くことはなかった。全国弁連の渡辺博弁護士は、政界工作が背景にあるのではないかと見ていた。二〇〇九年に信者二名が懲役刑となったことに対し、統一教会の責任者は政治家との関係強化で乗り切ろうと機関誌で述べていたというのだ。

「『政治家との繋がりが弱かったから警察の摘発を受けた。今後は、政治家と一生懸命繋がっていいかなきゃいけない』というのが彼らの反省でした」「統一教会の被害者にとっては『政治家との繋がりがあるから、警察がきちんとした捜査をしてくれない』というような思いがずっとあると思う。私どもにもある」

銃撃事件の実態が浮彫りになっていく。警察の摘発を受けた二〇〇九年以降、旧統一教会は政治家との関係強化に取り組み、安倍元首相ら政治家との繋がりは強まり、厳しい取締りを受けない状況が続いたのではないのか。旧統一教会の被害者が〝シンパ国会議員〟への恨みを強めても不思議ではなかったのだ。

安倍元首相についても、こんな補足説明が会見でなされていった。

「(第二次)安倍政権になってから若手の政治家たちが統一教会のさまざまなイベントに平気で出席するようになった。それまでは政治家が参加しても名前を伏せていた」「最近は若手の政治家が大手を振って参加してコメントをするようになった。統一教会と近いということを我々さえも知るようになった」

会見のハイライト場面は、先の山口弁護士が写真集を広げて、安倍元首相の祖父の岸信介・元首相と創設者の文鮮明教祖とのツーショット写真を指し示した時ことだった。すぐに記者たちが最前列に駆け寄ってシャッターを切ったが、この写真は安倍家三代にわたる旧統一教会との密接な関係を可視化するものとなった。

旧統一教会の文鮮明教祖が提唱して一九六八年に創設されたのが国際勝共連合で、岸元首相は設立の発起人。ちなみに初代会長は統一教会会長だった久保木修己氏で、名前の通り、共産主義に勝つことを掲げていた。旧統一教会とは表裏一体の反共政治団体にも、安倍元首相の祖父が関わっていたのだ。なお父親の安倍晋太郎・外務大臣も「勝共推進議員」の一人だった。

全国弁連の記者会見では、衝立を隔てて顔を出さない状態で元信者が質疑応答に応じ、岸元首相についても語ってくれた。

「ゴルバチョフや金日成と会った教祖の写真とか見せられたことがあります。そして、やはり、『そういう大物政治家と通じているのだ　イコール　やっぱりこの人（教祖）はすごいのだ。この人はメシアなのだ』という一つの動機付けにはなると思います」「（岸元首相ら日本の政治家についても）そういうものを見せられると、『やはりすごいのだ。メシアなのだ』という気持ちにさせられてしまうのがあると思います」。

記者会見の冒頭では、公開抗議文を含む関連文書が配布され、受取りを拒まれたという説明も冒頭でなされた。ただ念のために私は、「公開抗議文に対して安倍元総理から回答はあったのか」と質疑応答で確認すると、「議員会館に出したものは受け取り拒否で、山口の安倍さんの事務所に行ったものは回答はなし」との答えが返って来た。

メディアは銃撃事件を戦前の暗殺事件（テロ）と重ね合わせて「暴力による言論封殺」「民主主義を破壊」と決めつけ、〝追悼翼賛報道〟を垂れ流したが、諸悪の根源は、家庭崩壊を招く高額献金による金銭的搾取を野放しにし、祝電などでお墨付きを与えてきたことに違いない。この会見で私は、今回の銃撃事件は森友・加計・桜を見る会とも共通する「アベ友教団（統一教会）優遇政治」が生んだ悲劇という思いを強くした。

もし安倍元首相が公開抗議文を重く受け止め、高額献金の実態把握や規制強化に動いていれば、銃撃事件は起きることはなかったのではないか。安倍元首相に対して「自業自得」「因果応報」「身から出た錆」という言葉が浮かんできたのは、公開抗議文の受け取りさえ拒んだ姿勢を目の当たりにしたためだった。

霊感商法や高額献金を放置する〝アベ友教団優遇政治〟が続いたことが、今回の銃撃事件を招いた可能性は極めて高い。銃撃事件の真相解明と共に、旧統一教会への規制強化（カルト規制法制定など）の新規立法が緊急政治課題となったのは間違いないのだ。

第2章　教団票差配の安倍元首相

安倍元首相の秘書官だった井上義行参院議員（当時は候補）を支援する旧統一教会関係者の集会が2022年７月６日、さいたま市で開かれて「井上先生はもうすでに食口（信者）になりました」と紹介された。同性婚反対を井上氏が訴えた後、最後は「投票用紙二枚目は井上義行！」の連呼となった。

1　安倍元首相の秘書官だった井上義行参院議員を旧統一教会が熱烈支援

銃撃事件から日が経っていくうちに自民党と旧統一教会のズブズブの関係が次第に明らかになっていった。信者の無償労働提供という形の選挙支援が、旧統一教会の霊感商法や高額献金への甘い規制（野放し状態）と交換条件となっていた可能性も明らかになっていったのだ。実際、旧統一教会が自民党選挙の実働部隊になっていることを物語る集会が開かれてもいた。

参院選中盤まで私は与野党が一議席をめぐって争う激戦区を中心に取材をしていた。選挙結果全体を左右するのは一人区であったためだ。ＬＧＢＴ差別発言を繰り返していた井上義行参院議員（当時は候補）の取材を打診された時は宮城選挙区と長野選挙区の取材を終えて東京に戻ってきた日であったが、「ＩＷＪ（Independent Web Journal）」（岩上安身代表）の直撃要請を快諾。すぐに直撃できる選挙日程の確認を始めた。二〇二二年七月五日のことだ。

しかし、それまでは街宣日程をネット上（ツイッター）で告知していた井上氏だったが、翌六日の予定は書きこまれていなかった。そこで七月六日午前中、井上候補の事務所に電話をして日程を聞くと、十三時からさいたま市文化センターで話をすることになっていると教えてくれた。この時は、たまたま街頭演説の代わりに屋内での演説会になったと思っただけで、一般聴衆向けの集会と確信していた。

さいたま市文化センターの大ホールの入口にあった立て看板には「神日本第一地区　責任者出発式」と集会名が記されていたが、まさか旧統一教会関係者に限定した集会とは想像すらしなかったので、入口から堂々と入って、前方の空いている席に座り、いつもと同じように録音と写真撮影を始めた。三階席まである大ホールはほぼ満席状態で、しかも異様な熱気に包まれていた。

ステージ上でちょうど幹部らしき人物に井上候補が紹介されている時の写真を二枚撮ったところで、スタッフが駆け寄って来て「写真撮影は出来ません」と告げられ、椅子にも座れないとも言われた。仕方がないので、すぐに立ち上がり、会場出口付近に立ったまま取材を続けた。ここで会場内から追い出されなかったことが幸いした。カバンの中のICレコーダーで録音を続けることができたのだ。

ステージに座っていたのは、第一次安倍政権で首相秘書官を務めた井上義行候補（自民党全国比例）。幹部らしき人物が「井上先生はもうすでに食口《シック》（信徒）になりました」と紹介されると、参加者から大きな拍手と歓声が沸き起こったのだ。そして「私は大好きになりました。（拍手）私は戦いをするならば、必ず勝たないといけない。（拍手）勝つことは善であり、負けることは悪でございます。（拍手）」などと訴えるごとに、会場内は拍手と歓声で盛り上がるのだ。

続いて、ステージ上のパイプ椅子に座っていた井上候補がマイクの前で挨拶、同性婚反対の訴えを続けると宣言した。

「総理秘書官になって非難をされました」「国会議員になって安保法制を通して前回は落選運動を起こされました」と振り返った後、オブラートに包んで話すことが苦手で「普通の政治家と違う」と強調。いまＬＧＢＴ差別発言と批判されていることについて、次のように訴えたのだ。

「(『同性婚反対』と言ったことで)今、トレンド入りしました。そして私が演説しようとすると『差別するな』というプラカードを持って(抗議が)始まりましたよ。まるで安倍元総理のようになってきましたよ(笑)。でも、またさらに大炎上になるかもしれないけれど、私は同性婚反対を、信念を持って言っていますから!」

すると、再び大きな拍手と歓声が響き渡った。そして、最後は「投票用紙二枚目は井上義行!」と連呼するコールで集会は締めくくられた。旧統一教会が自民党の熱烈な〝支援部隊〟となることを目の当たりにした瞬間でもあった。

集会後、同性婚反対を貫くと宣言した井上候補を直撃。「差別ではないか」と聞いたが、「あなた方がねじ曲げている」と反論、具体的回答が返って来ることはなかった。

——今日は街頭演説しないのか。抗議する団体の人とのやり取りを聞いてみたい。「LGBT差別」と言われて炎上したのを自慢したではないか。

井上候補　差別というのはね、あなた方が曲げている。ねじ曲げて、誘導しても、私は引っかからない。

——ねじ曲げる前と後の内容、言ってください。

井上候補　あなたに答える必要はない。

——こうして話題になって、それでも勝ち抜くと。

井上候補　私の街頭(演説)、聞きにきて下さい。

——いつやるのか。今日（七月六日）、ネットで（日程が）公開されていなかったので、事務所に聞いてきた。

井上候補　私の事務所にはたぶん、そういうふうにあなたに答える人はいないと思う。

——せっかくの機会なので、ねじ曲げる前の意見を聞かせてくださいよ。ねじ曲げる前とねじ曲げた後、どう違うか教えてくださいよ。差別なのではないのか。全然答えていないのではないか。正々堂々と訴えると言ってた割に、正々堂々と答えない。

井上候補　堂々と答えてますよ。

——同性婚反対の理由を教えてください。

井上候補　法制化には反対です。

——反対の理由は？　ＬＧＢＴ差別につながらないのか。

井上候補　法制化には反対です。

（以下略。平行線のやりとり）

「秘書やスタッフを出してくれる有力支持団体」という話は以前から聞いていたが、今でも熱狂的信者が少なくない旧統一教会が自民党の集票マシーンの一つあることは確実だ。安倍元首相が先の公開抗議文を受け取りさえしなかったのは、選挙で支援してくれる友好団体（〝アベ友〟教団）と捉えていたのではないか。森友・加計・桜を見る会とも共通する「アベ友優遇政治」と重なり合うのだ。

しかし今回の参院選で当選した井上氏は、この支援集会の写真と音声が民放各局で紹介されても七月二十一日発売の『週刊文春』などで「信徒でなく賛同会員」と反論した。先の支援集会での紹介された名称と、食い違っていたのだ。

この「賛同会員」について「初めて聞いた」と述べたのは、旧統一教会取材四十年のジャーナリストの有田芳生・前参院議員。二〇二二年九月一日のミヤネ屋（日本テレビ）で、司会の宮根誠司氏の「賛同会員というのは初めて聞いたのですが」「賛同会員という人はいるのですね」の問い掛けに対して、次のように解説したのだ。

「賛同会員というのは井上義行議員のために作られた名前なのです。これは、古参の信者さんの何人にも聞きましたが、『初めて聞いた』というのですよ。私も長く取材して来ましたが、賛同会員という名称は井上義行さんが参議院選挙の投票日前に、埼玉県だったと思うのですが、『神日本（第一地区）責任者出発式』という統一教会の信者の皆様の集まりに出て、そして先ほど映像が出ていましたけれども、『井上先生は食口（シック＝信徒）になりました』と。つまり『会員になりました』と言って会場は熱狂したのです。それが、横田一さんというジャーナリストの手によって映像（音声と写真）が公開されたものですから、それで困って『井上さんは信者、食口（シック）ではない』という形を取るために『賛同会員』という言葉を使ったのです」

これを聞いた宮根氏が「これは井上議員のために作った名前ということですか」と確認すると、有田氏はこんな追加説明をしていった。

「そうです。相談をしてどういう形にしようかと。『食口（シック）、信者ではないのだ』ということを世間に知ってもらうためにはどうしようかということで、『賛同会員』という聞いたこともないような、信者たちも知らない言葉が出てきたのが今なのです。

だから井上さんは統一教会の票がなければ当選が出来なかったのだから、これから関係を断ち切ることができるのかといえば、出来ないですよ。なぜかと言えば、霊感商法が問題になった時に統一教会の信者たちがやっていた組織的な活動だったということが世間に分かり、八〇年代半ばから九〇年代にかけて社会問題になった時は、多くの自民党の議員の皆さんは『統一教会とは関係がないですよ』と距離を置いた時期があるのです。だから今回の報道については、恐らく、失礼かも知れないけれども、『嵐が過ぎ去るのをまた待とう』という判断だと私は判断しているのです。統一教会はそんなことですぐ離れる組織ではないですよ」

なおこの日のミヤネ屋では、井上議員について「今日（九月一日）、動きがあった」と切り出し、女性記者が「昨日、『一昨日（八月三十日）付で世界平和統一家庭連合（〝統一教会〟）の賛同会員を退会した』とのコメントを発表。『今後は自民党の方針にしたがって一切の関係を断つ』ということです」と以下のテロップと共に伝えていた。これを受けて有田氏が登場、「賛同会員」について解説するという流れになっていたのだ。

〈テロップ「独自　井上参院議員事務所の回答」

Q　なぜこのタイミングなのか？

A　党の調査結果発表と同時にと思いましたが、報道各社からの質問が多数寄せられたため前倒しで昨日発表しました。

Q　教団にどう連絡したのか？

Ａ　今週始め井上事務所より賛同会員と呼ばれておりましたが、世界平和統一家庭連合（小田原）を通じて賛同会員の退会を伝え、八月三十日付で同連合より退会の確認が取れました。〉

２　ＩＷＪ岩上氏の提案で井上義行参院議員を取材

二〇二二年七月十一日公開のネット番組「横田一の現場直撃」で井上義行参院議員の支援集会の音声と写真を紹介した後、この素材はミヤネ屋をはじめ民放各局で取り上げられるようになった。その番組数は二五を超えたが、その取材のきっかけとなったのは先に述べた通り二〇二二年七月五日。動画配信の「ＩＷＪ（Independent Web Journal）」（岩上安身代表）から「自民の井上候補に下記の件で突撃取材をお願いできないでしょうか」「過去の（杉田）水脈議員の発言と絡めて質問するのがいいのでは」という直撃取材の打診を二十時半すぎに受けたのだ。

送られて来たメールに添付されていた関連記事は、「自民・井上比例候補　ＬＧＢＴ差別発言連発」と銘打った二〇二二年七月四日付のしんぶん赤旗で、以下のような内容だった。

「自民党の井上義行参院比例候補が街頭演説で、ＬＧＢＴなど性的少数者を差別する発言をくり返しています。井上氏は六月二二日、自身の出陣式で『同性愛とかいろんなことで、どんどん〝かわいそうだ〟と言って、家族はできないで、家庭ができないで、子どもたちに本当に日本を引き継いでいけるんですか』『しっかりと家族を生み出す環境をつくっていかなきゃいけない』などと発言。二日、神奈川県の小田原駅前での街頭演説でも『家族をしっかりとつくるために、私は同性婚には反対』と主張しました。（中略）

井上氏は、第一次安倍政権で、安倍晋三首相（当時）に抜てきされて総理大臣首席秘書官に就任。安倍氏は六月二日、小田原で行われた個人演説会で井上氏を『突破力、ガッツがある』と評価しました。井上氏を比例代表候補として公認した自民党の責任が厳しく問われます」

この取材依頼メールに対して私は「ツイッターで街宣日程を発表しているようなので、明日か明後日に直撃（声かけ）取材をトライしてみます」と返答した。

この時にＩＷＪは井上義行参院議員（当時は候補）のＬＧＢＴ差別発言を問題視、直撃取材の打診があった同日の七月五日のＩＷＪの日報でも、次のように批判していた。「自民党の比例代表候補で、安倍晋三元総理の首相秘書官もつとめた井上義行氏が、参院選の街頭演説で、ＬＧＢＴ差別発言を繰り返していた。これは、軽視してはならない。選挙前に、選挙の争点にしようとして政治的確信をもって発言していることなので、有権者も『うっかり失言』などと一緒にスルーすべきではない。真正面から『自民党議員の政治主張』として受け止めて、選挙の投票行動と結びつけて、考え、発言し、議論し、抗議し、そして投票をすべき問題だったろう」（ＩＷＪの日報）。

これまでの問題発言も同日の日報で以下のように紹介していた。

〈井上候補は、六月二十二日の出陣式で次のように語った。

「今、私は分岐点だというふうに思っています。なぜ分岐点か。

それは、今まで二〇〇〇年つちかった家族の形が、だんだんと、他の外国からの勢力によって変えられようとしているんです。

昔は、皆さん、考えてみてください。おじいちゃんおばあちゃんや、お孫さんと住んだ三世代を。その時は社会保障、そんなにふくれてこなかった。

でも核家族だ、核家族だ、個々主義だ、こういうことを言っている。そしてどんどんどんどん、僕はあえて言いますよ、同性愛とか、色んなことで、どんどん可哀想だと言って、じゃあ家族ができないで、家庭ができないで、子どもたちは本当に日本に本当に引き継いでいけるんですか。

しっかりと家族を産み出し、そして子どもたちが多く日本にしっかりと産み育てる環境を私たちが今作っていかなければいけないと思いませんか、皆さん。その闘いでもあります」

また、七月二日の小田原の街宣では、次のように主張した。

「私は、今、ここに目の前にいる、家族がいます。この家族と一緒に、この選挙カーに乗って、戦いを挑んでいます。私は、この家族がいたから、今、こうやって立っています。

その家族をしっかりと作るために、私は、同性婚には反対！

そして、そのための青少年健全育成法を作ってまいります。そして、どの家庭でもしっかりと家庭が持てるために、家庭教育支援法をしっかりと制定していきます」

さらに七月四日の武蔵小杉での街宣では、若い世代の社会保障の負担を減らすために、三世代同居を進め、どうしてもそれができない人に介護制度の財源を振り分けていくべきだと訴えた上で、次のように語っています。

「そのために、私は、私から見ればですね、あの、いろんな考え方、ありますよ。やれ、その人が、病気だとか、差別だとか、いろんな話がある。

でも、みんなが同性婚を、国として認めてしまったら、やはり、この、男女という、この二〇〇〇年の歴史、これから始まった、この人類が、僕は否定されてしまうと思うんですね。だから私は、堂々と、これからも、やはり家族をしっかりとすることを、訴えていかなきゃいけない。そのための法律を、私は作っていきたい。それが、家庭教育支援法なんですね」〉

〈井上候補は、七月六日の本厚木での街宣でも、同じく社会保障の負担軽減の文脈で、次のように語った。

「ただ、私たちが、なぜ差別という言葉を使うのか、私にはまったくわかりません。しっかりと、私たちは、家庭を作りあげて、そして社会保障をしっかりと、継続に持っていきたいというふうに思っております」

さらにこの街宣の最後には、自身が家族に支えられてきたと語った上で、再び次のように訴えました。

「だから私は、どんな批判を受けようとも、しっかりと、家族がしっかりできるために、私たちは戦わなければないません。どんなになろうとも、批判を受けてても、私たちは五十年後、百年後、しっかりとした家族を作るために、家庭教育支援法を作りたいと思います！

そして、健全な青少年が育成できるために、青少年健全育成法をしっかり制定をして、未来の子どもたちに、家庭を作るために、私たちが生きている限り、その今を、しっかりと皆さんの手で作り上げていこうじゃないですか、皆さん！

私は、最後の最後まで、大批判を受けても、この戦いに勝って、しっかりとした家庭を、子どもたちに届けていきたいと思います」

七月六日の本厚木の街宣では、「同性婚」という言葉は口にしなかったが、「なぜ差別という言葉を使うのか」「どんな批判を受けようとも」「大批判を受けても」などは、明らかにこれまでの井上議員の発言に対する批判を意識したものだと考えられる。むしろ「差別的」というレッテルを貼られてきた自分は、不当な非難にさらされてきた被害者・受難者であることを強調しているように見える。

こうした「家族や伝統を守る」という、一見保守的な家族観の主張は、「神道政治連盟国会議員懇談会」（会長・安倍晋三元総理）が、会合で同性愛を「依存症」「精神障害」などとする非科学的で差別的な冊子を配布したことでも明らかなように、宗教原理主義者に支えられた候補者が、票を得るために、マイノリティをスケープゴートにしているに過ぎないのである。〉

3　記事の第一報はＩＷＪ、第二報はソクラ

井上議員支援集会の活字媒体の第一報は、動画配信サイトのＩＷＪの記事。タイトルは、「【2022参院選・独占スクープ！】『ＬＧＢＴ差別』と炎上の自民党・井上義行候補（全国比例）が、世界平

和統一家庭連合（旧統一教会）会合で『すでに信徒』と紹介され、熱狂的拍手！　直撃取材に『私は、同性婚反対に信念を持って言っています‼』当選後『入信していません』と豹変！　２０２２・７・７（取材・フリージャーナリスト横田一　記事構成・ＩＷＪ編集部）」だった。こんな解説を編集部が加えていた。

〈こうした井上候補の発言に、ツイッターなどＳＮＳでは「ＬＧＢＴ差別発言」、「杉田水脈の『生産性』発言に匹敵するレベル」、「何の根拠もない同性愛者差別」などの批判が集まっている。

井上候補の主張が非論理的であることは明らかだ。同性婚を法的に認めるかどうかということと、井上候補が望んでいる三世代同居が増えるかどうかということの間には、何の因果関係もない。

そもそも、日本の歴史上、婚姻を戸籍で法的に保護したのは明治以降のことであり、「同性婚を国が認めると、人類の二〇〇〇年の歴史が否定されてしまう」という発想自体、先に述べた通り、甚だしい歴史認識不足か、そうでなければ意図的に歪曲された歴史観にもとづいている。〉

第二報は、ネット媒体の「ニュースソクラ」（七月十二日配信）で、「安倍元首相の秘書官・井上参院候補　旧統一教会集会で『信徒になった』と紹介される」というタイトルだった。ソクラの記事が配信された二日後の七月十四日、ひろゆき氏（ひろゆき@hirox246）がツイッターで「安倍元首相の秘書官・井上参院候補　旧統一教会集会で『信徒になった』と紹介される」（七月十二日のソクラの署名記事）を紹介した。

「安倍元首相の首相秘書官も統一教会の信者だそうです。《第一次安倍政権で首相秘書官を務めた井上義行候補（自民党全国比例）が、旧統一教会幹部から「井上先生はもうすでに（統一教会）信徒にな

りました」と紹介》

なおひろゆき氏は「ひろゆきが直言『安倍氏の死を嘆くのに、カルトを規制しない自民党に怒らない人はアホ』」（『日刊ＳＰＡ！』二〇二二年七月二十二日）と銘打った記事でも、「現役信徒が自民党の議員になったりもしています」と指摘した。

この頃からテレビ局から問い合わせが相次ぐようになり、次々と井上議員支援集会の様子が音声と写真で紹介されるようになったのだ。

4　旧統一教会票差配の安倍元首相―伊達忠一元参院議長が証言

こうした自民党と旧統一教会のズブズブの関係は銃撃事件が起きるまでずっと続いていた可能性が高い。「安倍元首相が旧統一教会票を差配していた」という証言が二〇二二年七月二十八日に飛び出していたためだ。ＨＴＢ（北海道テレビ）に対して自民党の伊達忠一・前参院議長は、二〇一六年の参院選で旧統一教会の票を宮島喜文・前参院議員に回すようにお願いをして全国比例で当選したが、今回（二〇二二年七月）の参院選では「今回は井上（義行）を支援する」と安倍元首相に言われ、宮島氏は出馬断念をしたという経緯を語ったのだ。「前参院議長の告白　完全版　伊達忠一氏　安倍元総理に旧統一教会票を依頼」などと題してＨＴＶが報じたのはこのためだ。

宮島氏と入れ替わるように今回の参院選全国比例で当選した井上義行参院議員は第一次安倍政権時代の秘書官で、先に紹介したように旧統一教会の支援を受けていた。安倍元首相が差配する旧統一教会票の後押しで自民党国会議員が当選する一方、名称変更で正体隠しに成功した旧統一教会の高額献金（金銭的搾取）が野放し状態のままという貸借関係（ギブ・アンド・テイクの蜜月関係）は今に至るまで続いて来たのは確実なのだ。

それなのに事実を確認できないと言ったのが清和会（安倍派）事務総長の西村康稔・前ワクチン担当大臣だった。

安倍元首相銃撃事件から十五日後の七月二十三日、清和会（安倍派）事務総長の西村康稔・前大臣を直撃、旧統一教会の支援を受けた井上議員の処遇について聞いてみた。鴻巣市長選（七月二十四日投開票）の自民推薦候補への応援演説を終えた西村氏に、「井上義行先生、清和会（安倍派）に入れるのか。旧統一協会の支援は問題ないのか」という質問をぶつけたのだが、「事実を知らないので、すみません」という回答しか返って来なかったのだ。

しかし今回の参院選で当選した井上氏は、「食口（信徒）になりました」という幹部の音声と写真が民放各局で紹介されても「信徒でなく賛同会員」と反論、議員辞職についても否定していた。「自民党幹部が離党を迫った」「安倍派から脱会した」といった報道もなく、井上氏もまた、旧統一教会の関連報道が少なくなるのを待っているように見えたのだ。

そんな井上氏に厳しく迫らない西村氏にも正直言って唖然とした。井上氏参加の「世界平和統一家庭連合（旧統一教会）」関連集会の様子は、七月七日のＩＷＪの記事が初めてで、取り上げて以降、

ＴＢＳのニュース23を皮切りにテレビ朝日のサタデーステーションや日本テレビのミヤネ屋などが写真と音声を紹介していた。それなのに安倍派事務方トップの西村氏は「知らない」と言い放ったのだ。すぐに事実確認は可能と思いつつ、私は声掛け質問を続けた。

「旧統一協会の支援を受けた井上義行議員、清話会に入れたままなのか。脱会、離党させないのか。何でもいいから当選させればいいのか」「清和会と旧統一協会、ズブズブの関係ではないか」「一言お願いします。清和会の事務総長でしょう」と大声を張り上げ続けたが、西村氏は無言のまま車に乗って走り去った。

西村氏からも「清和会（安倍派）と旧統一教会との関係をウヤムヤにしたまま、嵐を過ぎ去るのを待つ」という姿勢（報道対応）が透けて見えた瞬間だった。

今回の銃撃事件は、アベ友優遇政治が生んだ悲劇と言っても過言ではない。選挙支援で世話になっている〝アベ友教団（旧統一教会）〟を優遇、高額献金（金銭的搾取）が社会問題化していた霊感商法を野放しにするというギブ・アンド・テイクの癒着関係が見て取れたからだ。

5　泉代表の奈良入りと野党合同ヒアリングの復活

立憲民主党の泉健太代表が安倍元首相銃撃事件の現場を訪れた二〇二二年七月十六日、大和西大寺駅前に設けられた献花台には長い列が出来ていた。献花台の前には、ワイシャツ姿で微笑む安倍元首相の写真。「安倍さん、ありがとう」などと書いた色紙も飾られていたが、ここでも私は「自業自得」「因果応報」「身から出た錆」といった言葉しか浮かんで来なかった。

七月十六日に現地で黙禱をした泉代表に対しても、直前の囲み取材で私はこんな質問を投げかけた。

――全国霊感商法対策弁護団、連絡会が去年九月に安倍元首相宛てで公開抗議文を出している。霊感商法の実態および友好団体UPFに（安倍元首相が）メッセージを送ったことへの抗議と回答を求めたが、まったく回答がなかった。ここにちゃんと対応して（旧統一教会への）規制強化に動いていれば、今回の悲劇は避けられたのではないかという気もするが、一方で野党としてもこの点を追及しなかったことも課題として残るのではないかと思うが、受け止めと今後の規制強化への動き、取組みについて伺いたい（「公開抗議文」のコピーを示しながら）。

泉代表　私は霊感商法において、被害を受けられた方が大勢いるということは問題だと思うし、そういったことが起きないように様々な方が取組みをされていることは、大変重要だと思う。その被害を防止していくことは大事だと思う。

――自民党を選挙で応援する団体は野放しにするという〝アベ友政治〟の一環のような気もするが、そのへんを追及する考えはないのか。

泉代表　それはぜひ、（全国弁連から）資料とかを我々も見せてもらい検討していきたいと思う。

囲み取材から六日後の七月二十二日、旧統一教会被害対策本部を立ち上げた立憲民主党は、弁護士連絡会の紀藤正樹弁護士からヒアリング。七月二十五日には長年この問題に取り組んできた有田芳生参院議員（当時）から話を聞いた。一方、「旧統一協会問題追及チーム」を作った共産党も翌二十六日、紀藤弁護士から聞き取りをした。

野党が足並みをそろえて、旧統一教会への規制強化（反カルト法制定など）が具体化する兆しが芽生え始めたのだ。旧統一教会問題の嵐が過ぎ去るのを待つだけのような自民党と、実態解明や規制強化に積極的な野党との攻防が激化していったのは当然のことだった。

泉代表の奈良入りから二十日ほど経った八月五日、野党合同ヒアリングが復活した。名称は「国対ヒアリング」に変わったが、四野党（立民・共産・れいわ・社民）の国会議員が党派を超えて一同に介し、官僚や有識者から話を聞いていくという連携態勢が再び整ったのだ。

二〇二一年秋の総選挙直後に枝野幸男代表が辞任、泉代表となって以降は野党合同ヒアリングが開かれていなかったが、野党が連携して旧統一教会問題を追及し始めたのだ。

復活第一回目の野党合同ヒアリングは、下村博文・文科大臣時代の二〇一五年の名称変更問題について前川喜平・元文科省事務次官から話を聞いたのだが、前川氏は文化庁宗務課長だった一九九七年、旧統一教会側に対して「当時の名称で信者を獲得しており、実態が変わっていないので名称変更は認められない」と拒否、門前払いをしていた。国会答弁でも同主旨の発言をして、これが長年にわたって文科省の立場になっていたのに、十八年後の二〇一五年六月に名称変更の申請を受理して八月に認証してしまったのだ。

復活した野党合同ヒアリング（現・国対ヒアリング）で2022年８月５日、旧統一教会の名称変更問題について説明をする前川喜平・元文科省事務次官。

しかも、この認証前に大臣と事務次官に次ぐ文科省ナンバー三の審議官だった前川氏は、意見を求められて認証に再び反対していた。「私が『ノー』と言ったのに『イエス』という判断ができたのは、大臣か事務次官しかいない」「下村さんの意思が働いていたことは一〇〇%間違いない」と述べたのはこのためだ。

前川氏はヒアリング後に囲み取材にも応じた。「（下村氏は）第二次安倍政権で文科大臣に任命されたので安倍さんの意向を受けて名称変更を認めてしまおうと。（名称変更で霊感商法の被害拡大）問題があるのを知っていても安倍さんが（旧統一教会と）三代にわたる付き合いなので、（名称変更を）認めてしまおうと」と私が聞くと、前川氏からは肯定的な答えが返ってきた。「確証はありませんが、そのストーリーは十分に成り立つような気がします」。

続いて「（旧統一教会が自民党を）選挙で応援してくれるので、（文科大臣だった）下村さんは『（名称変更を）認めてしまおうかな』という〝アベ友政治〟の一環のような気もするが」と聞くと、前川氏はこう答えた。

「やはり政治家と教団の間に貸し借り関係があるだろうと。貸しがあれば、借りもあると。借りがあれば、借りを返すと。こういう関係は必ず出てくるでしょうから。だから（選挙で）ものすごくお世話になっているのなら、逆に同じくらいお世話をするでしょう。特に与党の政治家に多いパターンだと思う」

「森友・加計・桜を見る会」との共通点が浮き彫りになる。いずれも、お友達や身内や支援者を優遇する〝アベ友政治〟の産物だったが、日本人の富（財産）を韓国へと流出させる高額献金が野放し状態だった旧統一教会問題も、選挙支援でお世話になっている〝アベ友教団〟への恩返し（特別扱い）と考えられるのだ。

まさに貸し借り関係（ギブ・アンド・テイクの関係）とはこのことだ。自民党への選挙支援の見返りに、旧統一教会への便宜供与（名称変更やイベントへの祝辞や霊感商法や高額献金を野放し）をしてきたというわけだ。自民党と統一教会のズブズブの関係が明らかになる中、岸田首相（総裁）率いる自民党が教団との関係断絶を宣言するのか。そして、野党が求めるフランスの反カルト法のような新たな立法措置に応じるのか否か。こうして臨時国会に向けた与野党の攻防が激しさを増していくことになったのだ。

新人の参院議員が初登庁した2022年８月３日、国会議事堂正門前でカルト規制の新規立法への意気込みを語るれいわ新選組の山本太郎代表や水道橋博士参院議員。ただし渦中の井上義行参院議員は正門には姿を現さず。

6　臨時国会初日

臨時国会初日の二〇二二年八月三日、私は国会議事堂正門で井上氏を待ち続けた。ここで初当選した参院議員が抱負を語ることが多いためだが、井上氏が姿を現すことはなかった。別の入り口から登院していたのだ。

そして同日午前に「信徒ではなく賛同会員」と再び強調するコメントを発表した。「家庭教育支援の推進」など井上氏が掲げる政策に対して、旧統一教会から賛同を得られたと説明する一方、議員辞職については否定した。十分な説明責任を果たしているとは言い難い井上氏だが、自民党と旧統一教会の関係について精力的な発信をしていたひろゆき氏はネット記事の中で、政治家が取り組むべき緊急課題を次のように指し示していた。

「容疑者の家庭が崩壊した統一教会の活動も、今まで弁護士が団体を作って抗議しているのに国は何も手を打っていませんでした。なので、安倍元首相の無念を晴らすためにも、カルト宗教が日本人を喰い物にしているのを止めるべきだと思う」

国会議事堂正門では初登庁をした新人参院議員からも前向きの発言を聞くことができた。水道橋博士氏（れいわ新選組参院議員）は、旧統一教会を規制する反カルト法（カルト規制法）についてこう意気込んだのだ。

「れいわは何もバックにないので（新規立法を）やりやすいと思います。他に後ろめたいところ（自民党など）はありますから、（れいわは）斬りこめると思うのでやりたいですね」

すると、続いて囲み取材に応じた山本太郎代表もヤル気満々だった。

「過去にも解散命令が出された宗教も存在しています。それを考えるならば、これほど大きな社会問題化をした、この国に生きる人々を詐欺的な手法によって人生を壊してしまうようなカルト教団があることに関しては、しっかりと規制がなされなければならないと思います」

やや意外だったのは、参政党の神谷宗幣・副代表兼事務局長。重点政策の一つに「外国資本による企業買収や土地買収が困難になる法律の制定」を掲げて選挙中も訴えていたのに、外国（韓国）への国富流出となる「旧統一教会への高額献金」の規制強化に対する強い意気込みを聞くことはできなかったのだ。国会正門前で「カルト規制について一言。統一教会問題について」と声をかけると、「違法なものは取り締まるべきです」と回答。そこで「（カルト規制の）法律を作るべき?」「霊感商法で統一教会は違法行為をやっているという認識か」と続けて聞くと、「僕は細かく調べていないので、分からないが」という答えしか返って来なかったのだ。海外資本による〝経済侵略〟を問題視しているのだから、韓国教団への国富流出を阻止する立法措置への意気込みを語るに違いないと思ったが、予測が外れてしまったのだ。

野党か与党か分からない「ゆ党」的対応をしたのが日本維新の会だった。旧統一教会問題の野党合同ヒアリングへの参加を打診されたのに拒否し、大阪市長の松井一郎代表の引退に伴う代表選告示日（八月十四日）の共同街宣でも、立候補した馬場伸幸共同代表（当時）も足立康史政調会長も梅村みずほ参院議員の三候補とも旧統一教会問題について一言も触れなかったのだ。旧統一教会問などを規制する新規立法をどうするのかは臨時国会の大きなテーマになるのは確実だったのに、維新代表選で活発な政策論争を聞くことはできなかったのだ。

ただし二〇二二年八月二十七日の臨時党大会後、代表選で勝利した馬場新代表に直後の記者会見で聞くと、前向きの回答が返ってきた。

――馬場新代表に「自民党と対峙する」（新代表決定後の挨拶）ということについてお伺いしたいのですが、統一教会問題で松井前代表は「寄付の上限額を決める新しいカルト規制法を作るべきだ」という考えを述べられたのですが、この（新規立法への）意気込み、自民党をどう追及するのかについてまずお伺いしたいのですが。

馬場新代表　統一教会の問題に端を発して、松井代表からは「寄付の上限額を年収等の必要書類・

確認書類を提出していただいた上で寄付の上限額を決めるべきではないかという主旨の法律を作るように」という指示が出ています。私の方からも音喜多政調会長にお願いをして現在、中身の調整をやっているところであります。民間で、民間の金融会社からお金を借りるのも今厳しくなって、そういう年収を証明しないといけないということがありますから、そういうことを手本にして、出来るだけ実効性のある法律を出したいというふうに考えています。

「凪《なぎ》状態」と揶揄されるほど野党の見せ場が少なかった通常国会では見られなかった光景が現れたのは、野党合同ヒアリング（現・国対ヒアリング）の復活だけではなかった。批判合戦をしていた立民と維新が臨時国会前に六項目の政策実現に向けて連携することで合意、その中には旧統一教会を含むカルト規制の新規立法も含まれていたのだ。

こうして「やっている感」演出で乗り切ろうとする岸田政権に対して、通常国会では足の引っ張り合いをしていた野党第一党と第二党が臨時国会では連携、新規立法などで与党に厳しく迫る対決の構図が生まれることになったのだ。「提案型」を掲げた泉代表体制の誕生共に凪状態となった国会が再び、枝野前代表時代の〝対決モード〟へと戻ることで国会審議が活性化する兆しが見えてきたともいえる。

泉代表の発言も徐々に歯切れが良くなっていった。二〇二二年九月十六日の会見で旧統一教会問題を受けての新規立法について聞くと、次のような答えが返ってきたのだ。

――立民も提出を検討しているカルト規制などを含む新規立法について、政府自民党は岸田さんが現行法最大限活用という主旨のコメントをされている一方で、河野大臣の消費者庁の検討会の中では委員の中から「法改正、新規立法が必要だ」という声が出て、これは明らかに閣内不一致で、河野大臣の検討会は「やっている感」演出のパフォーマンス委員会のように見えるのですが、自民党岸田政権のやる気のなさについてどう見ているのか。

泉代表　私も閉会中審査の時に「やはり今の現行法でできることと新規立法の両方が必要ではないか」と言った。その時に岸田総理も「まずは現行法で」と言ったが、「まずは」から伝わってくるものは（新規立法については）具体的に動くつもりはないのだと感じました。ですからぜひ、自民党公明党の連立政権の下で、少なくとも自民党は「関係を断つ」というふうに言ったわけです。「関係を断つ」には理由があるわけです。社会的に問題がある団体と認識しているわけで、であるならば、その社会的問題とは何かということをしっかりと調査をして、必要な法の適用や新法の制定を行うのは当然のことだと思います。

――泉代表が今もし総理大臣だったら河野大臣のような突破力のある人を（旧統一教会問題）特命大臣にして、紀藤弁護士が提案している案だが、新規立法を進めるという位の決意を示しているのではないかと思うが、もし総理大臣だったらどう対応するのか。

泉代表　そういうこともありうると思います。

――国葬は欠席ということですが、本来は、自民党と統一教会の合同葬があるべき姿ではないか。選挙で応援してもらって信徒の方の無償労働提供を受けた見返りに、霊感商法等を見逃して高額献金を野放しにして韓国の教団に日本の国富を流出させたと。それ（高額献金野放し）でお世話になった統一教会と選挙でお世話になった自民党が一緒に合同際をするのが筋のような気がするのですが、泉代表の見解をお伺いします。

泉代表　横田さんの考えはなるほどと。そういう考えもあるのかなというふうに認識はしました。私は、元総理の国としての送り方は一定であるべきだと言ってきていますので、これは内閣葬、内閣自民党葬が相応しい。自民党の総理でなければ、また別の形があるのでしょうが、内閣葬で一定させると。恣意的な国葬や政治利用は許されないと思っています。

第3章　悪の国日本から韓国教団への国富流出

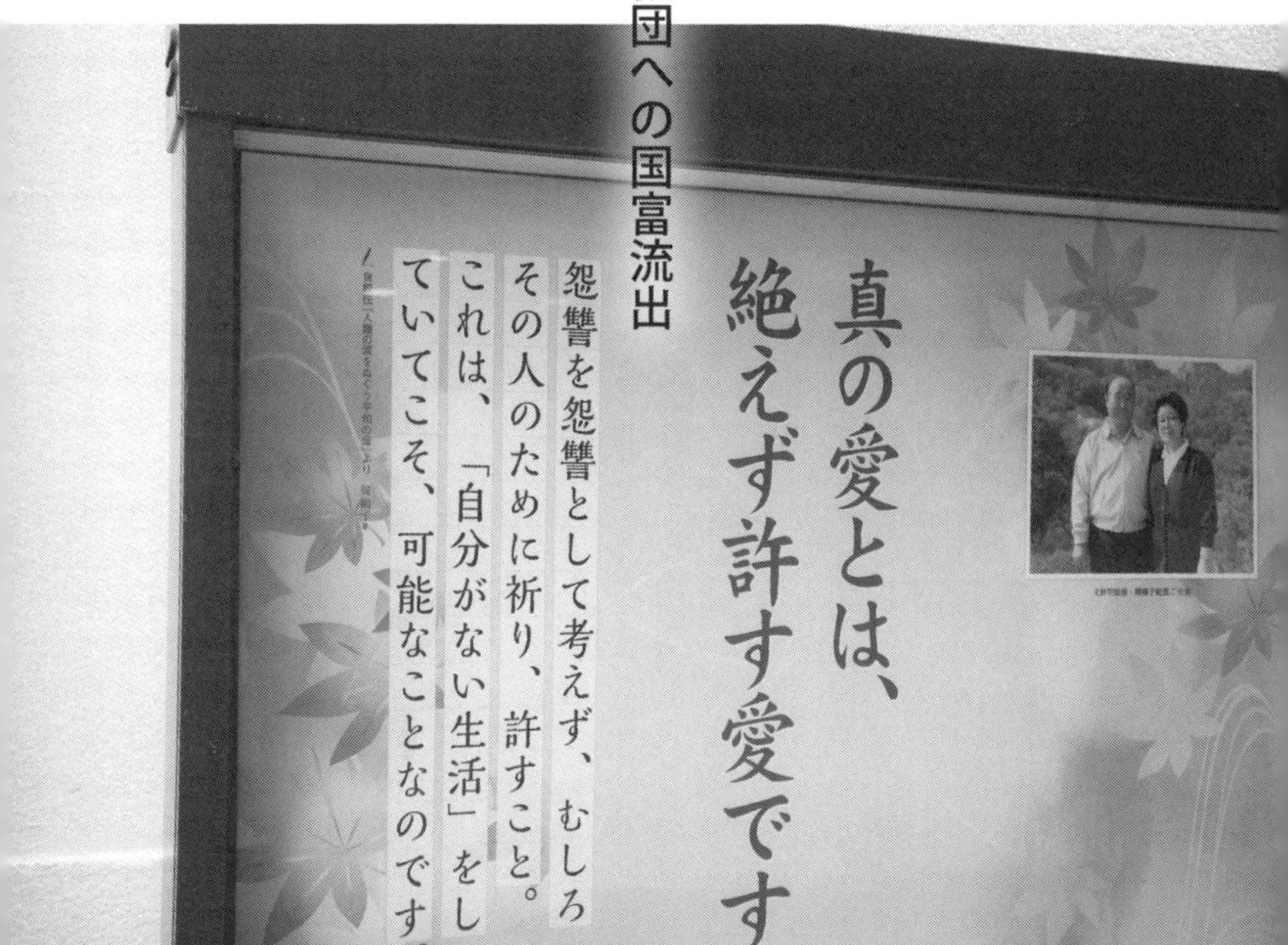

真の愛とは、
絶えず許す愛です
怨讐を怨讐として考えず、むしろ
その人のために祈り、許すこと。
これは、「自分がない生活」をし
ていてこそ、可能なことなのです。

渋谷区にある旧統一教会（世界平和統一家庭連合）の本部。ここが韓国教団本部への日本の国富流出（日本人信徒の高額献金寄付）の拠点となっている。

1　韓国MBCの旧統一教会問題特集の衝撃

韓国三大テレビ局の一つ「ＭＢＣ」が旧統一教会問題を取り上げた特集番組「ＰＤ手帳　安倍、銃撃犯そして統一教会」（二〇二二年八月三十日放送）を放送した二日後の二〇二二年九月一日、ソウル市内のＭＢＣ前で大規模な抗議集会が開かれた。「偏った報道」などと書いたプラカードを持った参加者が番組放送に抗議、謝罪を求めたのだが、これに対してＭＢＣは集会終了直後に同じ特集番組を再放送。旧統一教会に対してまったく怯むことなく、報道を続けることを宣言したのだ。

二〇二二年九月一日放送のミヤネ屋は「抗議集会参加者には旧統一教会の信者も含まれている」ことを示唆しながら特集番組の内容と抗議集会の模様を紹介した後、鈴木エイト氏と共に準レギュラーコメンテーターのような前参院議員の有田芳生氏が詳しく解説するという流れになっていた。ちなみに有田氏と鈴木氏はＭＢＣから取材を受けて番組中に登場、私がテレビ朝日に提供した井上義行参院議員支援集会の素材（音声と写真）も番組中に盛りこまれていたのだ。

まず以下のテロップが映し出された後、司会の宮根氏が「有田さんも出演されたという、韓国でこういうテレビ番組が放送された」と切り出すと、女性記者がこう補足した。

〈フリップ　韓国のＭＢＣテレビ　韓国の調査報道番組「ＰＤ手帳」が安倍元首相が襲撃された事

悪の国日本から韓国教団への国富流出（日本人信者の高額献金）の実態を紹介した韓国テレビ局ＭＢＣのPD手帳（特集番組）。タイトルは「安倍、銃撃犯そして統一教会」で、私がテレビ朝日に提供した井上義行参院議員支援集会も紹介された。

件をきっかけとして日本での〝統一教会〟を巡る献金の実態や政治との関係などを放送。番組では――

・韓国人の元二世信者にインタビュー
・日本では襲撃事件の現場や教団と政治家との関わりを取材
・有田芳生氏や鈴木エイト氏も出演
・日本人の母と韓国人の父の間に生まれた韓国人の元二世信者
・文鮮明氏が憎かった。
・ご飯も満足に食べられず自殺も考えた〉

これを受けて宮根氏が再び、「『韓国では旧統一教会の問題はほとんど報道されない』というふうに聞いていたのですが、ＭＢＣが特集をしたということは安倍総理が不幸にも凶弾に倒れたというところからの出発点だったのですか」と問い掛けた。

これに対し有田氏は「『PD手帳』というのはプロデューサーという意味なのです」「非常に信頼されている番組」と切り出し、抗議集会が開かれた経緯を次のように説明した。

「この事件が起きてすぐにPD手帳の取材は始まりまして、約二カ月かけて徹底して調査を行った。それで三十日に放送されることが分かって、統一教会の中で『抗議行動をやろう』という指示が出て、先ほど映像が出た内容の集会が行われたのです」「MBCテレビのすごいところは、テレビの番組を急きょ変更して全く事前に発表もせず、その抗議行動が終わったと同時にこのPD手帳の統一教会の報道を再放送したのです。覚悟があるのです」

この時、もう一種類のフリップが映し出され、先の女性記者が読みあげていた。

〈フリップ　「異例」約一時間のテレビ番組　韓国テレビ局前で大規模デモきのう韓国・ソウル　MBCテレビ本社前で〝統一教会〟による抗議集会――　教団の信者ら数千人が参加　信者らはおとといMBCテレビが放送した番組に対し、ごく一部に過ぎない脱会者の意見を事実確認をしないまま偏った放送を行ったなどと主張――　名誉が傷つけれたとして謝罪を要求〉

このフリップに記されていた文言「ごく一部に過ぎない脱会者の意見を事実確認をしないまま偏った放送」に対しても、有田氏は次のように反論していった。

「(抗議集会参加者は)『元信者がいい加減なことを言っている』と仰るが、一九九七年に日本で行われた統一教会の内部の映像も出ているのです。『金を出せ！』『金を出せ！』『財産を出せ！』とすごい霊感商法につながる、献金ノルマにつながるようなおぞましい映像が出ていますから。これ、（ネットのユーチューブで）是非見て下さい。当然、日本語でしゃべっていますから」

たしかに「MBC」「PD手帳」「統一教会」で検索すると、〈MBC『PD手帳』「安倍、銃撃犯そして統一教会」〉のユーチューブにすぐに行き着くことができ、しかも「へばらきTV」が日本語訳をつけていた。日本語で語っている有田氏へのインタビュー部分や日本での〝献金ノルマ〟集会映像だけでなく、韓国語で話す部分も含めて番組全体を理解できる動画になっていたのだ。

一時間の特集番組の中で有田氏お勧めの〝献金ノルマ〟集会映像も衝撃的だったが、冒頭部分もインパクトがあった。まず合同結婚式の映像が流れ、「この日集まった大勢の新郎新婦のうちの一人であったという情報提供者。彼から意外な話が出ました」というナレーションから番組がスタート。続いて街宣中の安倍元首相や献花台などの場面が次々と映し出され、「安倍晋三元首相が今日十一時三十分頃、地方遊説中に銃撃を受け倒れ、亡くなりました。事件直後、PD手帳編集部あてに昔のビデオが送られてきました」と取材を始める発端となった情報提供について説明。そして、表題のシールに「統一教会　国際合同結婚式」と書かれたビデオテープを再生する場面となり、一九九二年八月二五日の合同結婚式の映像が流れ始めると、すぐに文鮮明教祖と韓鶴子夫人が登場。そして「統一教会の最も代表的な行事として知られている国際合同結婚式です」と解説、「この日集まった大勢の新郎新婦のうちの一人であったという情報提供者。彼から意外な話が出ました」と続けていったのだ。

ここでモザイクがかかった状態で登場した情報提供者がこう言い放った。「今回事件（銃撃事件）があったじゃないですか、（犯人は）統一教会二世なんですよ。私たち（統一教会信者同士）の間では、こう話しています。これは起こるべくして起こったな、と」。

ＭＢＣのＰＤ手帳を紹介した九月一日のミヤネ屋には、カルト宗教などを長年取材してきた韓国のジャーナリストのオ・ミョンオク氏も紹介されていた。旧統一教会の信者となって二年間の〝潜入取材〟をしたミョンオク氏は「教団が発展できた要因の一つが合同結婚式だ」と考えて、参加申込書を入手することができたとも話していた。

ここで有田氏が「合同結婚式に日本人信者が出る場合に、信者一人当たり一四〇万円が必要だけれども、韓国人の信者は一〇万円から一四万円なのです」とコメント、かかる費用が一桁違うという日韓比較をした。韓国人より日本人から多額のお金を取ろうとする旧統一教会の姿勢が露わになっていくが、こんな違いもあることも有田氏は述べていった。

「韓国に行って『結婚する』という男性信者にも話を聞きましたが、『合同結婚式に参加すれば、日本の知性ある女性たちがこの農村にも来てくれる』と。統一教会と言わずに募集をしたり、信仰のない人も含めて女性信者と結婚をするという歴史を持っているのです。

だから農村にも取材に行きましたが、『教祖の国、韓国のためには尽くさないといけない』という徹底した教えがありますから、韓国に行って結婚をして、ある方が（合同結婚式で嫁いだ）その農村の実家に行けば、部屋が作られていたのだけれども牛小屋だったのです。ものすごく悩んでいらっしゃった。『夫の暴力がひどい』という人もいました。悩むと『それは自分の信仰が弱いからだ』というふうな理解をする教義なのです」

この徹底した教えが書かれているのが「原理講論」とも有田氏は解説していたが、『カルトの花嫁』

（合同出版）の著者の冠木結心さんにインタビューをした岩下明日香氏も、「『旧統一教会』に身をささげ韓国で十年極貧生活を送った日本人女性の〝壮絶人生〟」（二〇二二年九月二十七日のアエラドット）と銘打った記事で、元信者の似たような体験談を紹介していた。離婚した後に二度目の合同結婚式を挙げた冠木さんは、台所もトイレもないプレハブ小屋の借家暮らしを始め、極貧生活に耐える日々が続いたというのだが、その理由こそ、原理講論にある徹底した教えだったのだ。こんな冠木さんのコメントが記事中に紹介されていたのだ。

「教祖（文鮮明）からは、『うら若き韓国の乙女を従軍慰安婦として苦しめた過去の罪がある』から、日本人は『どんな韓国人と結婚させられても感謝しなければならない』と言われ続けていました。私たちは日本人であることの罪を植え付けられ、どんな苦難も甘受しなければいけないと思わされていました。だから、ひたすら耐えていたのです」

先のMBC特集番組の司会者は、安倍元首相と旧統一教会との不可思議な関係について次のような疑問呈示をしていた。

「韓国をはじめとするほかの国ではまだ献金問題は大きな問題になっていません。なのに、なぜ日本では旧統一教会献金問題が起こるのでしょうか。それは旧統一教会が韓国と日本の暗い歴史に深く入り込んでいるためです。帝国主義時代、日本が犯した犯罪について日本人が持っている罪の意識、まさにこの点を献金の名分として強調することなのです。でも少し変ですよね。大日本帝国の侵略の歴史を否定する安倍元総理が、このような旧統一教会と関係を持つようになったのでしょうか」

このことに関連して番組は釜山長神大学のタク・ジイル教授にも「なぜ日本人の家庭に献金の被害

が特に多いのか」という質問をぶつけ、以下の発言を引き出していた。

「これは、原理講論といいます。文鮮明が執筆したと知られている統一教会で最も重要な経典です。第二次世界大戦に参戦した日本、イタリアなどはサタンの側だと話しています。『日本にいる統一教会の信者たちが戦争中に日本が犯した罪を償うために韓国に――とは言っても実際は統一教会に――献身しなければならない』という名目で搾取していたのです」

そして同番組は、日本の保守派が怒りの声をあげる映像も流していた。

「ナレーション（右翼の街宣車の映像と共に）日本の統一教会本部の前も騒がしいです」

続いて「反日カルト『統一教会』を日本から叩き出そう！」という横断幕を持って「私たちは統一教会を許しません」と抗議の声をあげるデモ行進の映像が流れた後、「統一教会の追放を訴える日本の市民たちの抗議集会も広がっています」というナレーションが流れる。ここで登場するのが櫻井誠氏（日本第一党）で、こう訴えていた。「このね、統一教会というのは日本を敵視しております。我が国を『悪魔の国』と呼びやがった奴らですよ」。

歴史認識において正反対の立場の両者――安倍元首相と旧統一教会――がなぜズブズブの関係であったのかという奇妙な謎については、産経新聞文化部の桑原聡氏も注目。「旧統一教会問題、〝沈黙〟の保守に矜持はないのか！」（二〇二二年十月二十九日の産経）という見出しの記事で原理講論を引用した上で、こんな疑問を投げかけていた。

「まず『原理講論』の基底には、韓国民族は選民であるとの思想が貫かれている。自らを『第三イスラエル選民』と規定しているのだ。ちなみに第一はエジプトで四〇〇年もの苦難に耐えたイスラエルの民、第二はローマ帝国で四〇〇年の圧政に耐えたイスラエルの民である。第三イスラエル選民たる韓国民族は大日本帝国の四〇年にわたる圧政に苦しんだとされる。そしてこんなおぞましい記述が掲載されている。

《西暦一九一〇年、日本が強制的に韓国を合併した後には、韓国民族の自由を完全に剝奪し、数多くの愛国者を投獄、虐殺し、甚だしくは、皇宮に侵入して王妃を虐殺するなど、残虐無道な行為をほしいままにし、一九一九年三月一日韓国独立運動のときには、全国至る所で多数の良民を殺戮《さつりく》した》

《数多くの韓国人たちは日本の圧政に耐えることができず、肥沃《ひよく》な故国の山河を日本人に明け渡し、自由を求めて荒漠たる満州の広野に移民し、臥薪嘗胆《がしんしょうたん》の試練を経て、祖国の解放に尽力したのであった。日本軍は、このような韓国民族の多くの村落を探索しては、老人から幼児に至るまで全住民を一つの建物の中に監禁して放火し、皆殺しにした》」

「自虐史観に貫かれた歴史教科書で学んだ日本人ならば、日本をサタン側の国であると決めつけるこの教義に拒否反応を示さず、『だから韓国に対して謝罪を続けなければならない』と考えても不思議はない。日本人の入信者は、自虐史観を刷り込まれた心優しい犠牲者なのかもしれない。最後に改めて問いたい。保守を自任しながら旧統一教会に選挙を手伝ってもらった保守政治家のみなさんは、こうした歴史認識を持った団体であることを承知のうえで関係を深めたのでしょうか、と。知らなかったというのなら、それは不勉強すぎる。国政に関わる資格などない。国会から身をお引きください。知っていたというのなら、こう自問していただきたい。『自分に矜持はあるのか』、さらに『旧統一教会に自分を与えてはいないか』と」

この問い掛けは、そのまま亡くなった安倍元首相にも投げかけられるものだ。先の韓国ＭＢＣの司会者の疑問呈示「侵略の歴史を否定する安倍元総理が旧統一教会と関係を持つようになったのでしょうか」と重なり合うものでもある。

日本の植民地時代の加害者責任を強調して高額献金や韓国人男性への献身を迫る旧統一教会と、従軍慰安婦や徴用工問題などを否定する安倍元首相の歴史認識は正反対のものである。本来なら水と油のような敵対関係になり、激しい歴史的論争を闘わせても不思議ではないのに実際は、持ちつ持たれつ貸借関係（信者の無償労働提供による選挙支援を受ける一方で霊感商法や高額献金の野放し）を続けてきた。

安倍元首相が亡くなることがなければ、参院選中と同じような直撃取材（声掛け質問）をして、産経新聞の記事の見出しにある「保守に矜持はないのか！」と聞いてみたいところだが、「なぜ安倍元首相を含む自民党教団関係議員は、正反対の立場にあるはずの旧統一教会から選挙支援を受けてきたのか」という不可解な謎は消え去らない。国賊発言の村上元大臣と同様、「韓国教団への日本人の富（財産）の流出に手を貸した『国賊』『売国奴』と呼ばれても仕方がない」という思いが強まっていくのだ。

2　教祖面した守銭奴の片棒を担ぐ愛国者面した国賊の安倍元首相

この奇妙な謎をさらに際立させる現地取材も、ＭＢＣの特集番組にはふんだんに盛り込まれていた。

日本人から高額な献金を引き出すための手法（手口）について、旧統一教会の韓国人関係者が次々と語っていくのだ。原理講論を使った旧統一教会の〝守銭奴ぶり〟が生々しい証言を積み重ねることで浮彫りにされていったともいえるが、圧巻は、山上容疑者の母親も頻繁に訪れたという旧統一教会の聖地・清平《チョンピョン》での現地取材だ。この地を訪れた日本人信者に声をかけて献金実態についての話を聞き出し、大規模イベントの様子や韓総裁と日本人幹部との会合内容も紹介していたのだ。

奈良市内の銃撃事件の現場確認など日本での取材から着手した番組取材班は、山上容疑者の伯父から「（山上容疑者の母親が）四十日間連続で通ったことを示す資料がある」「何十回も行っている」という証言を得る一方、旧統一教会の聖地とも言われる清平での取材も進めていた。ここで大規模イベントが開かれる当日に清平に向かうバスの車内から撮影を始め、「毎年この地を訪れる日本の統一教会信者だけで一〇万人を超えるとされています。日本からやって来たと見られる人々も目立ちました。この日は統一教会の信者達にとって大事な儀式が行われる日といいます」と解説していった。続いて、バスから降りたばかりの統一教会信者（女性）に記者が声をかけていく場面になった。

旧統一教会信者（女性）　先祖解怨《かいおん》は四三〇代まで終わって、祝福式は現在二五〇代（までやっています）

――（記者）祝福式は二九〇代まで？

旧統一教会信者（女性）　いや、二五〇代まで。先祖解怨式を先にして、そのあとに祝福式をするんですよ。

そして「先祖解怨式と先祖祝福式は、霊感商法が日本で問題となった後に統一教会が新しく始めた先祖に関する儀式です」という解説を挟んで、韓総裁が集会で挨拶する場面となった。

「聖典で言われている六〇〇〇年という長い歳月の中で形成された霊界です。彼ら（先祖）は神様となんの関係もなく、神様のことばを知りません。なので先祖たちを解恨し、祝福をしてあげて善霊（聖なる霊）としてあげないといけません」（韓総裁）

番組クルーは、元統一教会信者からこんな発言も引き出していた。

「先祖達はメシア（文鮮明）に会う前に亡くなった方々じゃないですか。現世でもメシアである文鮮明と韓鶴子総裁のもとでまた先祖の霊同士が結婚しなければならないということです。そうすれば天国に行けます。でも結婚する前に先祖たちの恨みと共に悪霊達がついているので、それを『解怨（怨みを解放する）』してあげるということです」「ここにこう書いてあります。直系、母系、父の母系、母の母系、四種類あるのですが、一代目から七代目まで七〇万ウォン（×四）で七×四ですから二八〇万ウォン（約二八万円）です」。

ここでも合同結婚式と同じような「日韓の価格差」の存在が明らかになったが、気の遠くなるような年月を遡りながら献金を募っていく手法についての説明もなされていった。

「最初七代まであった先祖達の儀式は二一〇代まで増え、現在は四三〇代まで儀式が行われています。一代を三十年の基準にしてみれば、一万二九〇〇年前の先祖までさかのぼります。日本の信者の場合は、この儀式のために韓国の信者の十倍以上払って儀式を行う場合があるといいます」

国葬反対デモの参加者が掲げたプラカードには、安倍元首相の国賊（売国奴）ぶりを批判的に紹介するものもあったが、韓国教団への国富流出の片棒を担いだのは紛れもない事実だ。

ここで、再び信者と記者との質疑応答となった。

——（記者）今は何代まで（儀式を）やられたんですか？

統一教会信者（女性） 五〇代目くらいです。

——（記者）それでは祝福式が一代から七代まで初めにやるのはどれくらいかかりますか？

統一教会信者（女性） それが一番高いです。一代から七代まで七〇万ウォン（約七万円）です。解怨は二八〇万ウォンくらいですが、祝福は七〇万ウォン（約七万円）。

聖地での映像や証言が次々と飛び出した後は、旧統一教会の韓国人関係者からの暴露発言タイムとなった。「また別の霊感商法のひとつである」と指摘する韓国人の元牧師や元責任者や元婦人部長がいかに日本人信者から高額献金を引き出したのかを振り返っていったのだ。まず元統一教会教区責任者の牧師がこんな暴露発言をした。

「霊感商法と同様にやれば、いけるだろうと亡くなった人のことまですべて持ち出して、信者達の献金を吸い取る方法です。一代二代三代四代何代までも先祖達の解怨式をしてあげなければ、あなたたちの子孫達またはあなたに問題が生じると。先祖の話を持ち出すと、日本の人々は一番敏感に反応してくれます。俗語だが、『ストローを挿した』んですよ。日本人にストローを挿してずっと吸い取れるんだなと」

続いて、二十年前に日本に派遣されて「布教活動の大部分は献金を取ることだった」と振り返る元責任者が語っていった。「日本に来てから気付いたのは『何だこれ、牧師ではなく献金の回収人なのか?』と最初に思いました。日本の教会が一〇〇カ所あれば、献金順位が一番から百番まで出てしまいます。目標金額が与えられ、何日、四十日までに終わらせると指示が出ます。『そうしたら何パーセントまでやりました』と毎日献金の報告があがるんですよ」。

三番目に登場した元統一教会婦人部長も、すぐに情景が目に浮かぶような話をした。

「競争心に火をつけるんです。『どこの教会は勝利した!』。保険会社に貼られているのがあるじゃないですか。それと同じように掲示板に貼られます。献金の回収率が低い教会は顔をあげられません。お金を取ることだけ研究して、魂を救うのではなく、お金をたくさん捧げることがメシアのためだと思わせる教育を毎日受けます。毎日毎日私たちはそういう教育を受けます」

韓国人の教団関係者への徹底取材をしたＭＢＣの特集番組を見ているうちに、こんな疑問が湧いてきた。それは、「旧統一教会は宗教団体を自称する詐欺師紛いの集団ではないか」「教団トップの韓総裁は教祖面をした守銭奴ではないか」というものだ。
その一方でMBCの番組は、旧統一教会が八月十日に開いた外国人特派員協会での記者会見を取り上げて「鎮火に動き出しました」と解説、田中会長が「二〇〇九年以降、当法人は社会的法的に問題として指摘される行為をしないようコンプライアンスの徹底に努めております。財産に比しての高額な献金が行われないよう、徹底した努力を重ね、今日に至っております」と釈明したことも紹介した。
その上で、こうした発言を対比させる形で、韓鶴子総裁と日本人幹部との生々しい会話が流れた。二〇一二年十二月二十五日に日本の幹部達を招待した集会での韓総裁は「日本の責任を強調」と指摘、こう問い質していったのだ。

韓鶴子総裁　私達が天一国だという目標を掲げて、環境創造をしなければいけない。万物復元しなければ。しかも韓国はなんといった？　神の祖国　神の祖国だよね？　皆さん、手を抜こうとするな。しかも私がいなかったら皆さんに希望はあるのか？
幹部達　ないです。
韓鶴子総裁　そしたら、手を抜かないよね？
幹部達　はい。

この映像についてナレーションが「横で熱心に話を書き留める人は日本の統一教会総会長。総裁の指示事項は日本の総会長を通し、日本の一六カ所の地域責任者に伝達されます」と解説した後、韓国人の元統一教会牧師が登場。日本人の献金額ついて話していく。

「特別献金というものがあります。愛天愛人献金、誠意献金、救国献金等数えきれないですが、来年五月五日までの目標は一八三万円です。なぜ一八三万円なのか。亡くなった文鮮明総裁が来年一〇三歳になります。韓鶴子総裁が八〇歳です。だから日本信者の一世帯あたり一八三万円です」

最後にナレーションは、こうして集めた献金総額で締め括っていた。

「全世界一九四カ国で信者約三〇〇万人にのぼると言われる巨大宗教法人。統一教会が保有しているソウル・加平一帯の土地の公示価格は確認されたものだけでも二兆六千万ウォン以上。昨年公示された財団の財産規模は約三兆二千億ウォンにのぼります」

有田氏が視聴を勧める韓国MBCのPD手帳は、今回の銃撃事件の真相を知る上で日本国民必見の報道番組に違いない。表の顔と裏の顔を持つ二人——愛国者面をした国賊（売国奴）のような安倍元首相と教祖面した守銭奴紛いの韓総裁——が手を組んでいた恐るべき現実を知らしめてくれるからだ。

と同時に、とてつもない支離滅裂ぶりも突きつけられる。選挙支援（信者の無償労働提供）を受けながら旧統一教会の高額献金を野放しにして日本の国富流出の片棒を担いでいた安倍元首相ら清和会を中心とする教団関係議員は、朝鮮半島の植民地支配の過去（従軍慰安婦や徴用工問題）を否定してきた歴史修正主義者が少なくなかった。しかし教団関係議員とズブズブの貸し借り関係を有しているようにみえる韓総裁が率いる旧統一教会は、日本人の植民地支配への贖罪意識をネタに高額献金を信者から吸い上げていた。「愛国者面をした国賊（売国奴）が、教祖面した守銭奴紛いを称えるビデオメッセージを送っていた」という錯綜した蜜月関係が罷り通っていたともいえるのだ。

MBCのPD手帳は、安倍元首相銃撃事件後に清平で開かれた集会の様子も紹介。ここで日本のテレビ局に提供した私の素材（番組ではANNnewsCHの名前）が使われていたのだ。

まず世界平和統一家庭連合世界本部長が「安倍元首相の秘書官です。この方は参院選に何回か出ましたがダメでした。そして安倍首相が最後霊界に行く直前に、家庭連合に行かなければならないとなりました。それで私たち家庭連合に来ました」と話し、井上義行の選挙演説の映像が流れ、「彼が言う人物は参議院選挙、自民党比例代表で出馬した井上義行」「安倍元首相が官房副長官に再任された頃から補佐してきた。安倍の最側近です」というナレーションが流れ、「井上よしゆき君を激励する会」の映像へと切り替わる。そしてナレーションが「旧統一教会関連団体の人（魚谷俊輔・FWP事務総長）が一番最初に紹介され、続いて安倍元総理も姿を現しました」と解説。安倍元首相の演説となる。

「井上氏ですね、前回の選挙で落選し、非常に厳しい状況の中で、皆さんに支えられながら、今日まで頑張ってきました」

・ナレーション　選挙を四日後に控えた、統一教会の信者の集会にも直接出席しました。
・写真「神日本第一地区　責任者出発式」
・映像　支援集会の写真と音声「井上先生は、もう既にシック（食口＝信者）になりました。（拍手）投票用紙、二枚目は井上義行!!」

司会者はこう締め括った。「過去六十三年間の日本における旧統一教会の献金実態は、韓国社会にまともに明らかにされたことはありませんでした。日本保守右翼との関係もまた明らかになりませんでした。安倍元首相の死亡事件で明らかになった、日本政府と旧統一教会の癒着関係は、再び韓日間の摩擦の新しい火種として影響を与えるかもしれません。日本を強打した統一教会スキャンダルがどんな政治外交的影響をもたらすのか。私たちも関心を持って注視しなければならない時です」

この番組が放送されてから約二週間後の二〇二二年九月十六日、泉代表の会見で韓国視察の可能性に関する質問をした。日本国内だけでなく韓国での調査を並行して進めることが旧統一教会の実態把握に有効に違いないと考えたからだ。

――韓国の現地調査をされる予定はないでしょうか。国対ヒアリングかどんな形が分かりませんが、合同結婚式で韓国に渡った日本人の方も多数いらっしゃるということですし、過去の慰安婦等の加害責任を背負う形で「日本は悪の国だ」ということで韓国に渡って、高額献金もしたという実情を韓国に行って話を聞く考えはないでしょうか。

泉代表　自民党が一般的には韓国に対して厳しい姿勢を取るように見えて実は、韓国に日本のお金をどんどん送金する団体から強い支援を受けていた。これは本当に矛盾というか複雑な感情を抱きますが、（調査の有無は）分かりません。現時点でうちの党の対策本部が韓国に行って調査をするしないというのは私は聞いたことはない。また報道などで見ると、一様に韓国に住んでおられる信者の方々は、特に日本人の方は口を開かない映像が流れているので、調査に行って成果が得られるのかどうか。そういったものが定かではないと思う。ただ、それは（統一教会問題対策）

本部として考えていく話だと思います。

●注　旧統一教会の「原理講論」の記述には、歴史的事実に基づく部分も含まれている。「三一韓国独立運動」における虐殺は実際に起きたことであり、植民地時代の日本の加害者責任が問われるべきものである。横田一著『漂流者たちの楽園』（一九九一年）で以下のように紹介した。

〈横田一著『漂流者たちの楽園』（一九九一年）〉

学生時代に私は、ソウルの南にある堤岩里（ジュアムリ）の教会を訪ねたことがある。この教会で起きた日本憲兵による虐殺事件（古川清徳著『韓国　食べる・見る・遊ぶ・学ぶ』三修社に紹介）のことを知りたいと思って、である。

時は今から七十年ほど前の一九一九年。朝鮮全土に日本からの独立を求める三・一運動が広がったこの年、この堤岩里という村でも青年たちが国旗を振りかざして「祖国万歳！」と叫ぶ行動に出たのだが、これに怒った日本憲兵は彼らを言葉巧みに教会に誘い、閉じ込めるや石油をかけて焼き殺してしまったのである。

この事件の生き証人で、目の前で夫を殺された田同礼さんはこの事件の後、「村を滅ぼしたイエス気違い」とののしられながらも、日本の植民地時代もずっと信仰を捨てることなく、おんぼろ小屋で礼拝をする日々を続けたという。戦後この地を訪ねた日本キリスト教会からの申し入れもあって、一九七〇年、現在の記念教会が建設された。その教会の入り口にはルカ伝の言葉が刻まれていた。

「FATHER FORGIVE THEM FOR THEY KNOW NOT WHAT THEY DO（「父よ、彼らをおゆるしください。彼らは何をしているのかわからずにいるのです」、『LUKE23-34』より）

先の産経新聞の記事にあるような「自虐的歴史観」を刷り込まれなくても、歴史的事実を直視することで「韓国に対して謝罪しなればならない」という結論に行き着くことができる。問題は、加害者責任を背負うのは旧統一教会の信者だけではなく、安倍元首相を含めた日本人全体であるべきだということだ。加害者責任を自覚せずに否定する歴史修正主義者の安倍元首相が、加害者責任を強調する旧統一教会とズブズブの関係であったことが非常に不可解であり、支離滅裂ということだ。

第4章 「やっている感」演出に止まる総理と河野大臣

「霊感商法等の悪質商法への対策検討会」を立ち上げ、被害者救済に取り組んできた紀藤正樹弁護士らをメンバーに抜擢した河野太郎デジタル担当大臣（消費者庁担当も兼務）だが、マインドコントロール下における高額献金を規制する新規立法の旗振り役を買って出ることはなかった。「検討会の議論を見守る」と会見で繰返したことから〝見守り大臣〟と命名。

1 韓国教団への日本の国富流出を規制する新規立法が緊急課題

「旧統一教会との関係を断つ」と宣言した岸田政権（首相）の本気度不足が判明した。七月八日の安倍元首相銃撃事件を受けて、韓国教団への日本人の富の流出を阻止するべく、高額献金を根絶するための法律作り（新規立法）が緊急課題になったにもかかわらず、事件から三カ月以上経っても政府案が示されず、臨時国会での成立が危うい状況になっていたのだ。もし年明けからの通常国会に先送りされた場合、予算審議が優先されるため法案審議が始まるのは春頃になってしまう。全国弁連が会見を開いて「半年以上も遅れてしまう」と訴えながら、今臨時国会での成立を求めたのはこのためだ。

与野党四党（自民・公明・立民・維新）が協議会を作り、初回会合で臨時国会での成立を目指すことで合意したのは、二〇二二年十月二十一日。国会答弁で岸田首相はすでに今国会での提出を示唆していたが、それよりもさらに踏み込むことになったのだ。

しかし協議を重ねても、マインドコントロールの定義など与野党間の考え方のギャップはなかなか埋まらず、十一月一日の四回目の協議では与党側から今国会での成立先送りを示唆する発言が相次いだと野党側は報告。議論が難航して通常国会への先送りの可能性が出てきたのだ。第四回協議会が開かれた一日、共同通信は「自公、被害者救済新法先送り提案　立民・維新反発、旧統一教会問題」と銘打って次のように報じた。

「自公両党は不当寄付への規制などを柱とする新法について、被害者家族の損害賠償請求やマインドコントロールの扱いで課題が残るとして、今国会での成立先送りを提案した」

これを受けて立民の泉代表は十一月四日、「協議がまとまらなければ国民に対する重大な背信行為」「高額献金を防ぐ被害者救済法案の協議が決裂、臨時国会で不成立の場合は内閣不信任に値する」と記者会見で述べたのだ。

すぐに自民党の茂木敏充幹事長は強く反発。「(与野党四党の協議会が)考え方に隔たりのある部分を埋める作業をしているところだ。『決裂する』と言うこと自体が、(協議に)加わっている党の党首として極めて不適切、不誠実だ」と批判、発言の撤回を求めた。

それでも同日(四日)に開かれた五回目協議でも議論は加速せず、それどころか立民と維新が共同提案をした法案について自公から五四項目にわたる質問事項が示され、文書での回答を求められた。これに対して立民の協議担当者の長妻昭政調会長は、対案を出さない与党に「条文を早く出していただきたい」と求め、「(野党と与党の法案の条文を)一つずつすり合わせて、より良いものを作ることが必要」と強調した。

そして同日の支持者向けのリモート国政報告会で長妻氏は、岸田首相が旧統一教会の被害者と来週(十一月七日〜)の早い時期に面会すると国会答弁で表明したことを紹介。「面会後の取材で被害者救済法案についてどう語るかに注目している」と語った。この時に今国会成立の決意表明しない限り、日程的に厳しいという見方を次のように示したのだ。

「被害者と面談した後、番記者によるぶら下がり会見があるわけですよ。その時に『いろいろ党内にも公明党にも意見はあるが、やはり悪質献金防止の被害者救済法案、一番の本丸の新法を今国会中にやる。私はそれを支持します。それを党内に厳しく言いました』というようなことを言うきっかけを作るために『被害者と来週会う』と十一月四日の国会答弁で明言したのではないかと思っているのです。これが空ぶったらもう、『やっぱり岸田さんダメだな』というふうに言わざるを得なくなってしまうと思うので、ぜひ来週（十一月七日〜）、（統一教会の）被害者の方と会った後の岸田首相の発言を注目していただいて、ここがもうフニュフニュフニュ、モゴモゴモゴとなったら、（今国会成立は）ちょっとなかなか期待薄なのかなと思うが、私は諦めずに食らいついて行って、何とか、この臨時国会で成立させるように頑張っていきます。本当に世論が重要だと思いますので、よろしくお願いします」

これに連動する形で立民の岡田克也幹事長は十一月六日のＮＨＫ日曜討論で、七日からの週での党首討論を求めた。週末の十一月十一日からの外遊前の党首討論で新規立法の今国会成立で合意して欲しいと提案したのだ。

野党にダメ出しをされる期限を切られた岸田首相は外遊出発三日前の十一月八日、ようやく膠着状態の打開に動いた。新規立法に消極的とされる公明党の山口那津男代表と会談した後の会見で岸田首相は、被害者と面会して凄惨な経験を聞いたことを明らかにした上で、「政府としては今国会を視野に出来る限り早く（被害者救済）法案を国会に提出すべく、最大限の努力をすることにします」と述べたのだ。

それでも長妻氏は「『新法を政府与党が出すことで被害者が救われるのだ』とはなかなか思えない」と警戒心を緩めていなかった。同日（八日）の同じ時間帯に開催されていた国対ヒアリング（旧・野党合同ヒアリング）に出席していた長妻氏は、冒頭でこんな挨拶をしていた。

「いわゆるマインドコントロールと呼んでいますが、継続的行為によって一定の状況に置かれた場合を認定して、お金を取り戻しやすくすることをしなければ、解決に結びつかないのではないか。自公も『許容しがたい悪質な勧誘（いわゆるマインドコントロール下に置けるものも含む）などを定義づけた上で禁止すること』と明言した。これは与野党の共通認識で、だからこそ、『新法の条文を出して欲しい』と自公に求めている。自公が自ら出してきた論点をクリアする実効性のあるものなのかをチェックするには、条文がないとどうしようもない」

そして法案の実効性を見極める判断材料も集めてもいた。この日のヒアリングに招いたのは、母親が物品購入費や果樹園売却費を含めて約一億八千万円の献金をしたことを知って提訴、今も裁判中の中野容子さん（仮名）。「一億円献金、八六歳『念書』旧統一教会『自由意思』半年後、認知症の診断」という見出しの十一月三日の毎日新聞の記事で紹介された中野さんは、いわゆるマインドコントロール下における献金の被害体験を語っていったのだ。

司会役の山井和則衆院議員は、この日のヒアリングの重要性を次のように強調した。

「自公の党首会談で『新法を出す』と岸田首相が表明するようだが、その出てくる新法が中野さんのように念書を書かれる（旧統一教会の）手法の取消しに有効なのかどうか。新法を出したが、『今の被害者は対象外』では意味がないので、中野さんのケースが救済できるような法律を作れるのかどうかが問われている」

絶好のタイミングとはこのことだ。実は、念書の作成は旧統一教会の常套手段で、被害者の献金返還訴訟に対して勝訴判決を得る有効な手段となっていた。このやりたい放題の現状が新法によって変わるのか否か。いわゆるマインドコントロール下における献金の具体的事例に目を向けることで、新法の実効性の判断基準にしようとしたのだ。

続いて中野さんが配布資料にあるレジメに沿って説明を始めた。

「私は六十歳代です。私自身は信者であったことはありません。二〇一五年に突然、当時八六歳の母が旧統一教会の信者だったと打ち明け、一億円以上の献金をしていることが分かりました。その時に年金以外には何も預金などはなく、しかも既に認知症を発症していると思われたことから『何とか母を助けないといけない』と思って訴訟を決断。全国弁連の木村壮弁護士と山口広弁護士にお願いをして七年以上が経過しましたが、まだ救済が得られていない状況です」

父親の金融資産も含めて献金していった母親が書いた念書は「献金は私が自由意思によって行ったものであり、違法・不当な働きかけによって行ったものではありません」という内容で、その半年後に認知症と診断された。中野さんが「正常な判断ができないところにつけこまれた」として、総額で約一億八千万円の返金を求める損害賠償請求の訴訟に踏み切ったのはこのためだ。一審二審で敗訴して最高裁に上告した中野さんは最後にこう訴えた。

「母を助けるために裁判提起やむなしになった時にも、裁判費用の捻出に困るほど母はお金を持っていませんでした。両親は不正なやり方で金融財産を収奪され、大切な果樹園を売却させられました。その上、老いの衰えが見え始めた母から不起訴合意の念書を取り付け、それを教会に提出する様子を動画に撮影する。あたかも高齢者詐欺のようで、これが宗教団体のすることとは思えません」「統一教会にはいわゆる自浄作用など絶対にないことがわかります。悪質な高額献金を規制する被害者救済の法整備が一日も早くなされ、両親のような被害者がなくなることを、同時に統一教会が解散されることを心から望みます」。

被害体験を聞き終えた山井議員は「酷悪非道なやり方ではないか」と述べた後、同時刻に行われた岸田首相会見の発言を読み上げた。

「悪質な献金・被害者救済の新規立法について総力をあげて検討して参りました。与野党協議の内容を踏まえて、政府としては今国会を視野に出来る限り早く法案を国会に提出すべく最大限の努力を行うことと致します。その際に消費者契約法の対象にならない寄付一般について社会的に許容しがたい悪質な勧誘行為を禁止すること。そして悪質な勧誘行為に基づく寄付について損害賠償請求を可能とすること。また子や配偶者に生じた被害の救済を可能とすること等を主な内容として検討して参ります」

そして山井議員は、訴訟担当として中野さんの隣に座っていた木村壮弁護士に「中野さんの母親の献金は、社会的に許容しがたい悪質な勧誘行為に基づく寄付に当たるのでしょうか」と尋ねると、こんな回答が返ってきた。

「中野さんの被害が、社会的に許容しがたい悪質な勧誘に当たるのかと言われれば、私は当たると思います。当たると思いますが、『社会的に許容しがたい悪質な勧誘』の意味がはっきりしないので、一般論としては『当たる』と思いますが、『当たらない』と判断される可能性も十分にある」「いわゆるマインドコントロール下にある献金を救済できるようなものになるのか。本当に条文に入るようなものになるのかどうかはまだ分からない」（木村弁護士）。

結局、政府案の条文が出て来ない限りは判断がしようがないということだ。早期の条文提出を求めていた長妻氏はこう締め括った。

「『こういう日本人を食いものにするような行為が放置していることこそ、法治国家としていかがなものか』と思う。与党政府も条文を出して我々（野党）とすりあわせる。我々も『条文を一字一句変えない』という頑なな態度ではないので、より良い新法を作って二度と日本人が食いものにならない社会を作りたいと思う」

こうして法案作成を終えていた野党（立民と維新）は、条文の擦り合わせを自公と始めようと手ぐすね引いて待っていたが、政府与党の動きが加速することはなかった。条文提出は遅れに遅れ、岸田首相の決意表明から十日後の十一月十八日になって茂木敏充幹事長がようやく政府案概要（要綱）が示すというスローペース。しかも、いわゆるマインドコントロール下における献金規制が欠落したザル法でもあった。公明党や創価学会に配慮したのは明らかだった。

この日も、政府案の概要発表のタイミングに合わせて野党はほぼ同じ時間帯に国対ヒアリングを設定、すぐに反論できるようにした。そして、同じく念書作成を伴う高額献金被害者の鈴木みらいさん（仮名）から体験談を聞き、新たに発覚した養子縁組関連の質疑応答をしている時、茂木幹事長が示した政府案の概要のコピーが配布された。終了予定時間が迫っていたが、この日も司会役を務めた山井議員が若干の延長を告げ、全国弁連の阿部克臣弁護士にコメントを求めると、「これはもう一読して、統一教会には適用されないということがはっきり言えると思います」という否定的な回答が返ってきた。

そして三つの理由を挙げていったが、一番目が「寄付の勧誘に関する一定の行為の禁止」の要件に「霊感等による知見として、本人や親族の重要事項について、現在又は将来の重大な不利益を回避できないとの不安をあおり、又は不安を抱いていることに乗じて、当該不利益を回避するためには寄付をすることが必要不可欠であることを告げること」が入っていたこと。

「この『寄付をすることが必要不可欠であることを告げること』という行為を統一教会がやっていないので要件としてかなり厳しい。かなり適用範囲が狭い条文になっている」（阿部氏）

通常はやらない必要不可欠と告げる寄付（献金）を禁止にしても、広く行われている献金を禁止できず、ほとんど意味がないのは言うまでもない。

二番目が「霊感等による知見として」の「霊感」を狭い意味で解釈すれば、現在の統一教会被害には適用できない可能性が高いことだ。一時代前には先祖の因縁を語って恐怖や不安を与えて壺などを買わせる霊感商法が主流だったが、現在は信仰に基づいて献金をさせる方法に置き代わっている。過去のやり口には網をかける一方、現在のやり方には抜け道を設けるのは本末転倒も甚だしい。阿部氏はこう続けた。

「現在は『世界統一国の実現のため』とか、『日韓トンネルを作る』とか教義に基づいて献金をさせる。正体を隠した勧誘をしてから献金をさせるまで段階を踏んで教義を植え付けていく。これが『霊感』に当たるのかは外れる可能性がかなりあるのではないかと思います」

三番目が家族の取消権で、「扶養義務等に係る定期金債権のうち」と限定している部分を問題視した。家族の扶養義務の侵害の範囲でしか献金を取り消すことができないからだ。家族の資力にもよるが、月に数万円程度で、それほど大きな金額にはならないというのだ。阿部氏はこんな事例をあげた。「一億円の財産があって五千万円を献金した場合、残りの五千万円があるから扶養請求権を侵害していないということで（献金を）取り戻せないのではないか」。

統一教会の被害者の献金額は一億円を上回ることが少なくない。山上徹也容疑者の母親もそうだったし、一審二審で敗訴して最高裁に上告中の中野さんも約一億八千万円（物品購入費や果樹園売却費も含む）、そして、この日のヒアリングに招かれた鈴木さんも親が約一億五千万円を献金していた（なお親子で返金要求をしようとしている時に三千万円のみの返金に応じるという念書に信者の親が署名）。しかし既に扶養家族から外れているので取消権は使えず、仮に使える年代であっても桁違いに少ない数十万円から数百万円程度しか取り戻すことはできないのだ。

茂木幹事長が概要を示した政府案は、抜け道だらけで実効性に乏しく、しかも桁違いに少ない額しか戻ってこないザル法としか言いようがない。「新法成立後もマインドコントロール下にある日本人信者から高額献金を集め続けることができる！」という統一教会の高笑いが聞こえてくるではないか。

しかし被害者救済に取り組んできた弁護士は「統一教会には適用されない」と一蹴し、立民や維新も「不十分」と反発、いわゆるマインドコントロール下における献金規制を設けることを求めている。今後の与野党協議は難航必至で、十二月十日の臨時国会会期末にむけて攻防が激化するのは確実な情勢だが、要注意人物は次期総理への野望を露わにする茂木幹事長だ。

十一月十八日の幹事長会談で「これは政府としての紙です。首相も含めての（見解）と理解してください」と政府案の概要について説明。「政府の代表者気取りか」「ポスト岸田を狙った実績作りか」という声が出た。政府案評価の国民民主党を取り込んでザル法のまま強行採決、中身が乏しい新法成立で「やっている感」演出で臨時国会を乗り切ろうとするシナリオを思い描いているのではないか。立民と維新の野党案に反対する公明党や創価学会に恩を売ると同時に、岸田政権を支えた実績作りにもなると目論んでいるのではないか。こうして会期延長もにらんだ臨時国会の与野党の攻防が続くことになったのだ。

2 初動遅れはなぜ起きた——関係省庁連絡会議と検討会が発足

「(被害者救済新法への)政府与党の『初動の遅れ』は明らかだ。最初は『次の(通常)国会だ』という意見もだいぶ聞こえていた。事態の深刻さが呑み込めていなかったのだと思う」

十一月十八日の幹事長会談後の会見でこう断言したのは、立憲民主党の岡田克也幹事長。消費者庁で「霊感商法等の悪質商法への対策検討会」が立ち上がって二カ月以上も経つのに政府案の概要(要綱)しか出て来ない動きの遅さについて私が質問した時のことだ。

しかも、河野太郎デジタル担当大臣(消費者庁担当も兼務)が検討会メンバーに抜擢したのは、『マインド・コントロール』の著者で長年にわたって統一教会問題に取り組んできた紀藤正樹弁護士ら。

それなのに政府案には、いわゆるマインドコントロール下における献金への規制が明確な形で盛り込まれていなかった。紀藤氏は検討会はもちろんミヤネ屋などテレビ番組でも必要性を訴えていたのに、なぜか肝心要の部分が抜け落ちてしまっていたのだ。

なぜ新規立法の初動遅れと重要部分の欠落を招いてしまったのか。臨時国会前からの経緯をたどっていくと、旗振り役を買ってでも不思議ではない河野太郎デジタル担当大臣（消費者庁担当も兼務）のヤル気のなさ（職務怠慢）が大きな原因のようにみえるのだ。

会見で同じ質問を繰り返しても河野大臣からは、新規立法への意気込みが伝わってくるようなことはなかった。通常国会先送りの見方が出てきた状況を受けて十一月四日の大臣会見で、岸田政権の本気度不足が疑われると聞いても紋切型の回答しか返ってこなかったのだ。

〈二〇二二年十一月四日の河野太郎大臣会見〉

——旧統一教会問題について今国会で被害者救済、高額（献金）阻止法案が成立しないと、銃撃事件から半年経っても韓国教団への高額献金、日本人の富の流出が止まらない野放し状態になることになるのですが、法案成立の時期についての河野大臣の考えをお聞きしたいのですが、よろしくお願いします。

河野大臣　消費者庁で準備が出来たものから速やかに国会に提出をして参ります。国会審議の状況は国会にお尋ね下さい。

——今国会で成立しなくても仕方がないと取れるのですが、半年経っても法律一本成立しないようでは、政権担当能力の欠如、教団との関係断絶の本気度不足が疑われるのではないかと思うのですが、それでもよろしいのでしょうか。

河野大臣　国会審議のことは国会にお尋ね下さい。

――大臣のお考えを聞いているのですが、「やっている感」演出だけで十分、「パフォーマンス大臣」と疑われる事態も考えられると思うのですが、それでもよろしいのでしょうか。

河野大臣　国会のことは国会にお聞きください。

――岸田さんに（新規立法を）直訴するとか、そういうお考えはないのでしょうか。法案成立の時期について。

河野大臣　無言（司会者が会見打ち切り）

こうした平行線の質疑応答は九月から始まっていたが、岸田政権（首相）の初動遅れは明らかだった。七月八日に安倍元首相銃撃事件が起きたのに、本格論戦を伴う臨時国会が開かれたのは二カ月半以上も経った十月初旬だった。すぐにでも国会を開いて特別委員会を設置、銃撃事件の引き金となった旧統一教会問題の議論を始め、韓国教団への日本人の富（財産）流出を食い止める新規立法を早急に実現するのが緊急課題のはずだった。それなのに政権与党側から高額（悪質）献金を阻止する法案が提出される気配はなかった。

素早く動いた野党と本気度不足丸出しの与党との違いは明らかだった。立民や共産や維新などの野党各党は、すぐに紀藤正樹弁護士ら全国弁連の弁護士や旧統一教会の被害者ら関係者からのヒアリングを開始、法案作りにも着手して立民や維新が共同で被害者救済法案を提出してもいた。これに比べて岸田政権と自公は「やっている感」演出でその場をしのぎ、嵐の過ぎ去るのを待とうというヤル気のなさが透けて見えたのだ。

岸田政権の具体的対応が目に見える形で始まったのは、銃撃事件から一カ月以上も経った二〇二二年八月十八日。首相の鶴の一声で創設された「旧統一教会問題に関する関係省庁連絡会議」（代表・葉梨康弘法務大臣＝当時。十一月に更迭）の初会合がこの日に開かれたのだが、すぐにお粗末な実態がすぐに露呈した。法務省と警察庁と消費者庁の幹部らが出席、九月初旬から約一カ月間を「集中強化期間」を設けることが決まったが、具体的内容は示されず、新たな立法措置に踏み込まない消極姿勢が明らかになったのだ。「やっている感演出のためのパフォーマンスなのか」と酷評する声が取材した記者から漏れ出たのはこのためだ。

連絡会議第一回は十四時十五分から四五分で非公開。ただし最後の葉梨大臣の五分足らずの挨拶（議事報告）だけが報道陣に公開された。

「様々な相談の内容に応じて適切な対応を行うため、本日は関係省庁が有する各相談窓口の役割や対応可能な事項を整理し、その認識をしっかり共有し連携した対応にあたることを確認しました」

「今後、関係省庁が連携して体制を整備したうえ九月初旬から相談対応のための集中強化期間を設けることにします」

この後、事務方の法務官僚によるブリーフィング（概要説明と質疑応答）が行われたので、現在の相談件数や推定捕捉率（相談件数／推定被害者数）や目標相談件数について聞いたが、「示すことがで

関係省庁連絡会議の議長だった葉梨法務大臣は死刑ハンコ発言で更迭された。「旧統一教会の問題に抱きつかれ、いくらかテレビに出るようになった」という軽口もたたいていたが、高額献金規制の新規立法には消極的だった。

きる数字はない」という驚くべき答えが返ってきた。現在の相談体制がどの程度機能しているのかの現状把握もせず、被害者数の推定も目標相談件数の設定もしないまま、「集中強化期間」の実施時期だけを発表していたのだ。「旧統一教会問題への取り組みを始めましたよ」とアピールするのが主目的としか見えなかったのだ。

しかも関係省庁連絡会議の産みの親である岸田首相も九月の段階では、「今の法令で何ができるか最大限追求したうえで議論を進めるべきだ」（二〇二二年九月八日の閉会中審査）と消極的な姿勢に止まっていた。閉会中審査で質問をした泉代表が会見で「『まずは現行法で』というのは『具体的に動くつもりはない』と感じた」と突き離したのはこのためだ。

与野党の間で基本的な認識に大きな違い

があった。現在の法律と相談体制では不十分だから被害者が続出、金銭的搾取をされた信者の高額献金が韓国教団に流出する事態を招いているのを受けて野党は新規立法へと動いたのに、九月の段階では岸田政権（首相）は現行法の最大限活用に重きを置いて抜本的対策の実施を二の次にしていたのだ。

メディアも新規立法の必要性を指摘していた。連絡会議初会合の翌八月十九日の朝日新聞は「省庁連携、まず初会合　旧統一教会の被害者救済『相談強化期間』来月に実施」と銘打った記事で、連絡会議の初会合内容を紹介した後、こう続けていた。

「教団による高額献金の相談を受けてきた木村壮弁護士は『今までは各省庁がバラバラで対応し、問題意識が共有されにくかった。単に各省庁が連携するだけでなく、宗教を隠れみのにした違法が献金を抑止するため、民事上の救済から団体の活動規制までできるような立法措置を講じるところまでしなくては意味がない』と指摘する」

岸田政権（首相）の本気度不足が浮き彫りになる。被害者救済に取り組んできた弁護士の意見（立法措置の必要性）を聞くことなく、明確な目標設定も具体策もないまま、「とにかく〝素人官僚〟をかき集めてでも目立つことをすればいい」という安直な発想で産み落とされたのが今回の連絡会議としか見えなかったのだ。

「突破力」「発信力」に秀でていると報じられて、「次の首相一位」（二〇二二年九月十八日の毎日新聞）とも報じられた河野大臣も先に紹介した通り、五十歩百歩だった。連絡会議とは別に消費者庁独自で紀藤正樹弁護士らがメンバーの外部有識者を交えた「検討会」設置を就任会見で明らかにしたが、新たな立法措置への意気込みを語ることはなかったのだ。先の朝日新聞は次のような指摘もしていた。

「モノやサービスが介在する消費者トラブルへの対応をする消費者庁の守備範囲にはおのずと限界もある。宗教法人への高額な献金については、庁内では『介入は難しい』との見方が大勢だ。『消費者庁でカバーできているのは教団の問題の中の一部でしかない』との声が漏れる」

現行法では「高額な献金規制（介入）」が困難ならば、河野大臣は新たな立法措置の必要性を訴え、連絡会議初会合に参加した消費者庁の幹部も同じ主張をしていないとおかしいが、連絡会議事務方の法務官僚からは、「消費者庁から立法措置が必要という意見が出た」という報告はなかった。しかも河野大臣自ら主導して立ち上げた「霊感商法等の悪質商法への被害対策検討会」の初回会合から新規立法を求める声が出たのに、岸田首相に対して新規立法の必要性を直訴するといった「突破力」を発揮しているとは言い難かったのだ。「検討使」とも揶揄される岸田首相と同様、見かけ倒しのパフォーマンスレベルに見えたのだ。

呆れていたのは私だけではない。メディア露出度の高い河野大臣が二〇二二年九月十三日のニュース23に出演した際、旧統一教会問題の第一人者ともいうべき有田芳生・前参院議員はツイッターで次のように批判したのだ。

「河野太郎大臣は、『信仰二世』の苦悩についてまったく理解できず、何も答えませんでした。予想通りですがひどいものです。番組もどうして真剣に質問しないんでしょうか」

私も唖然とした。番組の中で信仰二世の女性は「恋愛は地獄に落ちると言われた」と振り返った上で、「具体的な法整備をして規制してくれないと、これからも被害者が増え続けてしまう」「国としてちゃんと、しっかりとした法律や規制は作ってほしい」と訴えていた。

この発言を受けて元朝日新聞の星浩氏が「新規立法の可能性についてはあるのか。今までの枠組みの中では対応しにくい面が出て来ていると思うが」と質問したが、河野大臣は「いま検討会できちんと議論をしてもらっているので、その結果で必要な対応を取ることを考えることになる」と答えるに止まり、質疑応答は終わってしまったのだ。

〈二〇二二年九月九日の河野大臣会見〉

このニュース23と同じパターンだったのが九月九日の河野大臣会見。新規立法への意気込みも、現在の態勢の不備を正そうという姿勢も感じ取れなかったのだ。

この時に参考にした記事があった。「悪質宗教対策、骨抜きの懸念　『法人規制は守備範囲外』消費者庁」と銘打った九月八日付の毎日新聞の記事は、このままでは〝ガス抜きパフォーマンス検討会〟で終わりかねない問題点を指摘していた。河野大臣は検討会で「必要とあれば消費者庁の担当を超え、政府全体に提言をして欲しい」と挨拶をしていたが、新井ゆたか・消費者庁長官は「（検討会は）立法を念頭に置いているものではない」と定例会見で述べ、消費者庁も参加する関係省庁連絡会議も新規立法を否定した。誰が新規立法の担い手になるのかが不明で具体化の道筋が見通せない状況になっていたともいえる。

そこで九月九日の会見で私は、この記事の内容を伝えた上で、「河野大臣と新井長官は同じ考えなのか。消費者庁のメンバーが（関係省庁）連絡会議と一緒に新規立法を手掛けるのか」と聞いたが、河野大臣は「現時点では何をやる何をやらないというものは一切ない。しっかり議論をしていただき、消費者庁で対応できるものは消費者庁で対応し、消費者庁の所管を超えているものは政府に提言という形で要請をしていくことになる」と答えた。

しかし岸田首相はこの時点では「現行法令を最大限活用すべき」との立場で、新規立法担当の特命チームが発足しているわけでもなかった。そして、検討会の提言を具体化する組織（担当者）が存在していないことから「連絡会議に『新規立法についても検討すべきではないか』と提言はしていないのか」と再質問をしたが、河野大臣は「しっかりと議論をしてもらい、それに基づいて消費者庁も報告していく」としか答えなかった。

煮え切らない回答に苛立ちながら「『新規立法、法改正が必要』という結論が（検討会で）出た場合には大臣ポストをかけて具体化するのか」と河野大臣の覚悟を聞いたが、それでも「結論をしっかり見ていきたいと思う」と同じ答えの繰り返しで事足りた。

さらに旧統一教会問題に取り組む特命大臣設置（紀藤弁護士の提案）に絡めて、「河野大臣が自ら名乗り出て、『新規立法をやらせて下さい』と（岸田首相に）言う考えはないのか」とも聞いたが、「議論を見ていきたいと思う」と待ちの姿勢に終始したのだ。

〈二〇二二年九月十六日の河野大臣会見〉

九月十五日の第三回目の検討会でも新規立法を求める声が出た。これを受けて九月十六日の河野大臣会見でも同主旨の質問をした。現行法制最大限活用の岸田首相と新規立法を求める検討会メンバーとの違いを指摘した上で、「河野大臣はどちらの考えに近いのか」と聞いても「検討会、最後までしっかりやっていただきたいと思う」と変わり映えのしない回答。続いて「検討会で『新規立法が必要』という結論が出た場合、岸田総理に意見を言って法改正につなげるのか」と再質問をしたが、河野大臣は「私がいま何か申し上げるのは避けている。あなたが何を考えているのかはあなたの自由だが、検討会の方向性とは何の関係もない」と答えるだけ。「政府として（新たな）法律を出す場合、臨時国会に間に合うのか」とも聞いたが、「それは検討の今後の次第だ」としか答えない。別の記者から岸田首相と九月十四日と十五日に会っていることを聞かれたが、「（面会内容について）答えない」とノーコメントを貫いたのだ。

メディアに頻繁に登場するのには長けた河野大臣には、〝客寄せパンダ大臣〟との呼び名がぴったりではないか。岸田首相に方針変更を迫ることも、自ら特命大臣を名乗り出ることもしようともしない。信仰二世の訴えを受止めて、高額献金を根絶する新規立法への本気度が伝わって来ないのだ。

〈九月三十日の河野大臣会見〉

――霊感商法等の対策検討会で新規立法・法改正という声が出て、韓国での直接献金を今の法律では防げないという声が出ているのですが、これを受けて河野大臣の決意、意気込みをお聞きしたいのですが。例えば、臨時国会でカルト規制法を成立させるように全力投球するとかというお考えをお聞きしたいのですが。

河野大臣　まだ検討会、続いております。

――臨時国会の日程を逆算すると、いつまでに検討会の結論を出して、法律作成のチームが準備をして（提出）、審議をして法律を成立させるという日程感については想定されていないのでしょうか。

河野大臣　先ほど申し上げた通りです。

――先ほど話が出た（関係省庁）連絡会議でも「新規立法は対象外」と言って、岸田総理も「現行法最大活用」と言っていると。検討会での意見が反映されない可能性が（あるのではないか）。

河野大臣　お答えしている通りです。はい、終わり（河野大臣会見動画はここで終了）。

――全然、具体性がないではないですか。「客寄せパンダ大臣」「パフォーマンス大臣」と言われても仕方がないのではないですか。もっと具体的に答えてくださいよ。臨時国会の日程を考えたら、いつまでに検討会の結論を出して、法案作りをするのですか。どこが（新規立法の）担い手になるのか、さっぱりわからないではないですか。消費者庁でやるのですか（河野大臣の画面が消える）。

〈十月三日の河野太郎大臣会見〉

――（朝日新聞）消費者契約法改正のスケジュール感についてお伺いします。今日午後の岸田首相の所信表明の中で消費者契約法の見直しについて言及される見通しになっています。この改正案について臨時国会中に出すお考えでしょうか。実務的には、来年の通常国会という気もするのですが、そのあたりの大臣のお考えをお聞かせ下さい。

河野大臣　総理の演説についてはまずお聞き下さい。

――（朝日）消費者契約法改正については臨時国会中に出すお考えでしょうか。

河野大臣　総理の演説についてはまず総理の演説をお聞き下さい。
――（朝日）分かりました。

〈岸田首相の所信表明演説（二〇二二年十月三日）の関連部分（統一教会問題）〉

旧統一教会との関係については、国民の皆様の声を正面から受け止め、説明責任を果たしながら、信頼回復のために、各般の取り組みを進めてまいります。

政府としては、寄せられた相談内容を踏まえ、総合的な相談窓口を設け、法律の専門家による支援体制を充実・強化するなど、悪質商法や悪質な寄付による被害者の救済に万全を尽くすとともに、消費者契約に関する法令等について、見直しの検討をいたします。

国民の皆様からの厳しい声にも、真摯に、謙虚に、丁寧に向き合っていくことをお誓いいたします。「厳しい意見を聞く」姿勢にこそ、政治家岸田文雄の原点があるとの初心を、改めて胆に銘じながら、内閣総理大臣の職責を果たすべく、全力で取り組んでまいります。

3　河野太郎デジタル担当大臣が記者排除予告

旧統一教会問題では「客寄せパンダ大臣」「パフォーマンス見守り大臣」と呼びたくなる見かけ倒し状態が続き、「臨時国会でのカルト規制法案成立に全力を尽くす」といった意気込みを口にすることがなかった河野大臣――。それでも私は大臣会見で新規立法の日程に関する同主旨の質問を続けていった。しかし何度聞いても「検討会の議論を見守りたい」という回答を繰り返すだけだった。そこで十月十一日の会見ではやや詰問調で「政権担当能力を疑われる」「本気度不足ではないか」と再質問をすると、河野大臣は「記者会見ですから個人の誹謗中傷をするなら次回からご遠慮下さい」と記者排除（会見参加拒否）を予告してきたのだ。

〈二〇二二年十月十一日の河野大臣会見〉

――消費者契約法改正の時期だが、岸田総理から「加速」の指示があった時に日程感、スケジュールについては特に言及はなかったのか。「臨時国会中に何としても成立させる」というような決意表明等は岸田総理からはなかったのか。

河野大臣　検討会の議論を注視して欲しいと思う。

――「（臨時国会で成立しないと）銃撃事件から半年も経って法改正がなされない」という事態だと、政権担当能力を疑われるのではないかと。「統一教会とのズブズブの関係を断ち切ろうとする本気度不足ではないか」と言われると思うが、それでもいいのか。

河野大臣　記者会見ですから個人の誹謗中傷をするなら次回からご遠慮下さい。

――誹謗中傷ではなくて、（新規立法実現は）元信者の方とか、検討会でも臨時国会に提出するべきだという声が出ているのを受けて聞いているが、それでも「（検討会の議論を）見守る」としか言えないのか。

河野大臣　検討会が議論をしているのはご存じの通りです。

――（検討会で）もうすぐ結論が出るわけだから、スケジュール感、臨時国会で成立させるのかどうかの考えについては。

河野大臣　無言（司会者が「ここで終わらせて欲しいと思う」と言って会見を打ち切った）。

メディアには高評価の河野大臣と見かけ倒れ状態（パフォーマンス先行）の実態とのギャップを目の当たりにしたのは、今回が初めてではなかった。二〇二一年の総裁選では持論だった脱原発を封印し続け、行革担当大臣（沖縄担当も兼務）として沖縄入りした時も、莫大な血税をドブ（軟弱地盤）に捨てているに等しい辺野古新基地建設に異論を唱えなかった（二〇二〇年十一月五日のＩＷＪ【特別寄稿】「フリー記者徹底排除の菅総理は米国の忠実な下僕を安倍政権から継承！」で紹介）。今回も見せかけの「突破力」で終わるのか否かを見極めようとしたのだが、この時点では「〝検討使〟総理がやっている感演出のために抜擢した〝客寄せパンダ大臣〟」にしか見えなかったのだ。

そこで、「河野太郎大臣の記者排除予告〜カルト規制新規立法は実現するか」と銘打った二〇二二年十月十四日のデータマックスの記事を執筆。公開された四日後の十月十八日、旧統一教会問題に対する政府方針の変更が明らかになった。

このネット記事で私は、記者排除予告をした十月十一日の河野太郎大臣会見を紹介した上で、次のように締め括った。「〝検討使〟総理と〝見守り〟大臣のコンビで、来週月曜日（十月十七日）からの予算委員会を乗り切ることができるのか。与野党激突の臨時国会での論戦が注目される」。

すると、記事公開から四日後の十月十八日（予算委二日目）、岸田首相は高額献金の被害者救済に向けた消費者契約法改正案の提出を目指す考えを初めて述べたのだ。臨時国会召集時には提出予定法案に入っていなかったため、過去最低更新を繰り返す内閣支持率下落や厳しい野党の追及を目の当たりにして「通常国会では遅すぎる」と判断、臨時国会成立への日程前倒しで国民の批判を和らげようと考えたのは明らかだった。

4　旧統一教会の守護神

これに呼応するように、新規立法を加速させる動きも始まった。先に述べたように自民と公明と立民と維新の与野党四党は十月二十一日、被害者救済法案を検討する協議会の初会合を開き、臨時国会での成立を目指すことを確認した。「法案提出」からさらに「成立」へとさらに踏み込んだのだ。しかし「臨時国会での成立」を目指すことが報じられても河野大臣の言動に大きな変化はなかった。十月二十五日の会見でも新規立法について聞いたのだが、「臨時国会を延長してでも法案成立をすべき」といった踏み込んだ発言が出ることはなかったのだ。

〈十月二十五日の河野大臣会見〉

――旧統一教会問題について、消費者契約法の改正や被害者救済の新規立法について今国会で提出・成立させるべきという考えでしょうか。日程感に対する考えを聞きたいのですが。

河野大臣　準備が出来たものからこの国会に提出しようと思っています。

――与野党四党で「（新規立法について）今国会で提出・成立を目指す」という合意がされていますが、これと同じ考えではないのでしょうか。

河野大臣　国会のことは国会にお聞きください。

――今国会で成立しないと（安倍元首相銃撃事件から）半年以上、法案が成立しないことになるが、それでもいいという考えなのでしょうか。

河野大臣　国会のことは国会にお聞きください。

――大臣の考えを聞いているのですが。

河野大臣　無言（司会者が打ち切り）。

正直言って唖然とした。「政権の閣僚と政権与党との間で新規立法の日程が共有されているに違いない」と思って確認の質問をしたのだが、他人事のような回答しか返ってこなかったのだ。

対照的に歯切れがいいのが野党国会議員だった。復活した国対ヒアリング（旧・野党合同ヒアリング）にほぼ毎回出席している立民の柚木道義衆院議員は十月二十一日、新規立法と解散命令請求が不可欠と強調した上で、「年内がリミット」と次のように明言したのだ。

旧統一教会問題の野党合同ヒアリング（現国対ヒアリング）常連の柚木道義衆院議員（マイクを握っている人）は、高額献金規制・被害者救済の新規立法と解散命令請求は年内にすべきと訴えていた。

「私はまず悪質献金救済法案をこの国会で成立させて、成立から二カ月で施行ですから、年内成立で早期の施行が一つ。旧統一教会の被害者の救済のために。でも、これは救済の方がどちらかといえば、メインなのです。いま蛇口から水がダダ漏れで、バケツの方が救済法案なのです。水漏れの元を断たないといけないのです。いくらバケツがしっかりしたと言っても漏れますから。ですから、そのためには解散命令なのです。

今回初めて岸田首相が要は二転三転しましたよね。初めて質問権を行使するからには、行使だけではダメですから。解散命令請求までやらなかったら、国民は岸田政権を許しませんよ。ですから、そのためには、今すぐにも解散命令請求が出来るというのが専門家の意見、霊感商法の（被害対策）全国弁連の意見。私も今すぐ出来ると思うのですよ。ということは、質問権行使をすぐにやって、そして検察や警察も一緒に調査・捜査して関連団体も調べて、自民党議員と旧統一教会関連団体との政策協定を誰が結んだのかを全部調べて、その上で年内に解散命令請求。これまでやらなかったら、文部科学委員会に与野党がいる意味ないですよ。これを強く、永岡〈文科〉大臣に求めていきたいと思っています」

まさに正論だ。安倍元首相銃撃事件が起きた七月八日から約三カ月後の十月三日、本格論戦が交わされる臨時国会がようやくスタート。もし今国会で関連法案が成立しないと、半年も経ってカルト規制強化がなされないことになる。事件の引き金となった旧統一教会の高額献金（韓国教団への日本の国富流出）を放置したまま、新年を迎えることになるのだ。「関係を断つ」と口先で語っても具体的対策（新規立法や解散命令請求）にまでこぎつけなければ、「決断と実行」が看板の岸田首相の政権担当能力に疑問符がつき、教団との絶縁への本気度不足が露呈することになるのだ。

しかし野党議員から年内の期限が出ているにもかかわらず、会見での河野大臣発言は変わり映えがしなかった。「会期を大幅延長してでも何としても臨時国会で新規立法を成立させるべきだ」といった決意表明が飛び出すことはなかったのだ。しかも、旧統一教会関連団体との政策協定（推薦確認者）に署名していることが明らかになった同僚大串正樹デジタル副大臣に関する答弁も通り一遍で精彩を欠いた。

〈十月二十八日の河野太郎大臣会見〉

――旧統一教会問題の新規立法、準備が出来たものから提出するということですが、その時期と、成立を目指す時期、今国会で成立させるべきとお考えなのか。（法案）提出と成立の日程感についてお聞かせ下さい。

河野大臣　準備が出来た法案から順次お示しをしていきたいと思っています。国会については、国会の審議については国会にお尋ねをいただきたいと思います。

――大臣のお考えをお聞きしたいのですが。

河野大臣　国会審議は国会がお決めになります。

――大串副大臣が旧統一教会と政策協定を結んでいることが明らかになりましたが、辞めさせるべきとお考えでしょうか。（旧統一教会に）重要な情報がリークする恐れがあるのではないでしょうか。

河野大臣　「今後の関係を断つ」ということでありますので、特に問題はないと思っています。

――山上容疑者は自衛隊の中で重要な仕事にはつけなかったと。統一教会の親族の関係で仕事を差別されたのですが、そういう危機管理対応をする必要はないというお考えなのでしょうか。

河野大臣　「今後の関係を断つ」ということですので問題はないと思っています。

岸田首相が「ミスター検討（〝検討使〟総理）」の汚名を返上できるのか否かは、今国会での被害者救済法案（新規立法）成立と解散命令請求にかかっているのだが、二人ともに当事者意識が乏しいようにしか見えないのだ。

しかし選挙支援の実態について岸田首相は、旧統一教会票を差配していた安倍元首相への〝本丸調査〟を一貫して否定していた。旧統一教会問題を野党が追及をしても岸田自民党の動きは鈍かった。自民党の調査（自主申告に基づく点検）には、統一教会票を差配していることが明らかになった安倍元首相と統一教会との関係が抜け落ちていたのだ。二〇二二年九月八日の閉会中審査で立憲民主党の泉代表らが調査対象にすべきと追及しても、岸田首相は「お亡くなりになった今、確認するには限界がある」と拒否したのだ。

二〇二二年十月十九日の参院予算委員会で辻元清美参院議員（立民）が「安倍元総理の調査が必要」と迫っても、「最後は心の問題。本人が亡くなられている。反論も抗弁もできない。十分に調査することは難しい」と拒否したのだ。

職務怠慢とはこのことだ。本人が亡くなっても秘書に聞けば、統一教会関係者との面談日程などの確認は可能だ。統一教会票の差配を受けて当選したばかりの井上義行参院議員や、六年前と違って「今回は井上で行く」と言われて出馬を断念した宮島喜文・前参院議員や、その経緯を地元テレビ局「HBC北海道放送」に語った伊達忠一・元参院議長に聞き取りをすることも可能だ。疑惑の中心人物を聖域扱いにしながら「統一教会との関係を断つ」と岸田首相が言っても、国民の半分以上がリップサービスにすぎないと見なして関係断絶は困難という否定的な見方をしたのは当然のことだった。

この本気度不足が見透かされて内閣支持率はさらに下落。厳しい世論調査の現実を突きつけられて、ようやく岸田政権（首相）は重い腰を上げて具体策を打ち出し始めるという応酬が臨時国会開会中に繰り返されていったのだ。

同日の予算委で小西洋之参院議員（立民）は下村博文・文科大臣時代の二〇一五年九月の名称変更

問題について質問、「やはり旧統一教会の守護神だ」と岸田首相を突き離した。宗教法人設立時の審査基準が名称変更認可時に適用されないことを問題視したのだが、岸田首相も永岡佳子文科大臣も非を認めなかったからだ。

岸田政権（首相）の隠蔽体質も露わになった。十月十八日の衆院予算委員会で宮本徹衆院議員（共産）は、旧統一教会の名称変更に関する資料の請求を三カ月前にしたのに未だに出て来ないと批判した。「安倍政権時代にもこんなことはなかった」と呆れ返ったのだ。

翌日の参院予算委でも、先の小西参院議員が畳み掛けるように追及した。名称変更関連資料が出て来ないことについて、担当の文化庁宗務課は「確認中」を理由にしていたが、「何を確認しているのか」と永岡文科大臣を問い質した。宗務課が七名と少人数であることを理由に言い逃れできないように、岸田首相に「霞ヶ関で総力をあげて国会に提出するべき」「次の予算委員会の理事会に提出することを求める」と迫ることも忘れなかった。

5　野党合同ヒアリングで続々と浮上の下村元大臣疑惑

一方、参院選後に復活した「野党合同ヒアリング」（現・国対ヒアリング）も毎週のように開催され、統一教会問題と国葬問題を交互に取り上げていった。九月十六日のヒアリングでは、名称変更問題に続く下村博文・元文科大臣の疑惑について追及した。九月二十二日号の週刊文春が「下村元政調会長動画入手　統一教会系陳情を『党公約に入れろ』」と銘打って紹介したものだが、統一教会の家庭教育支援法の要請を受ける形で下村文科大臣（当時）が議員立法を促す国会答弁をしていたことも明らかになった。立民の柚木議員は、記事の内容を裏付けるような国会答弁に注目していた。

「下村元大臣、元政調会長が『家庭教育支援法をマニュフェストに入れろ』と言った。立法府の大臣が『（統一教会が陳情した）教育支援法案の議員立法を出してください』という答弁は異例だ」「今日のヒアリングでも『文科省の中でもそういう議論はしていた』ということは認められた。政府側においても与党側においても働きかけをしていたのではないかという疑念が深まったと思う」（柚木氏）。

約二カ月間の臨時国会ではカルト規制法案をめぐる審議に加え、自民党と統一教会の関係についても論戦が繰り広げられていった。岸田政権が「やっている感」演出のパフォーマンスで事足りるのか、それとも河野大臣が〝客寄せパンダ大臣〟の汚名を返上、新規立法の牽引車役になるのか。凪状態だった通常国会から打って変わり、臨時国会は見どころ満載となっていったのだ。

第5章　アベノミクスで円の価値半減

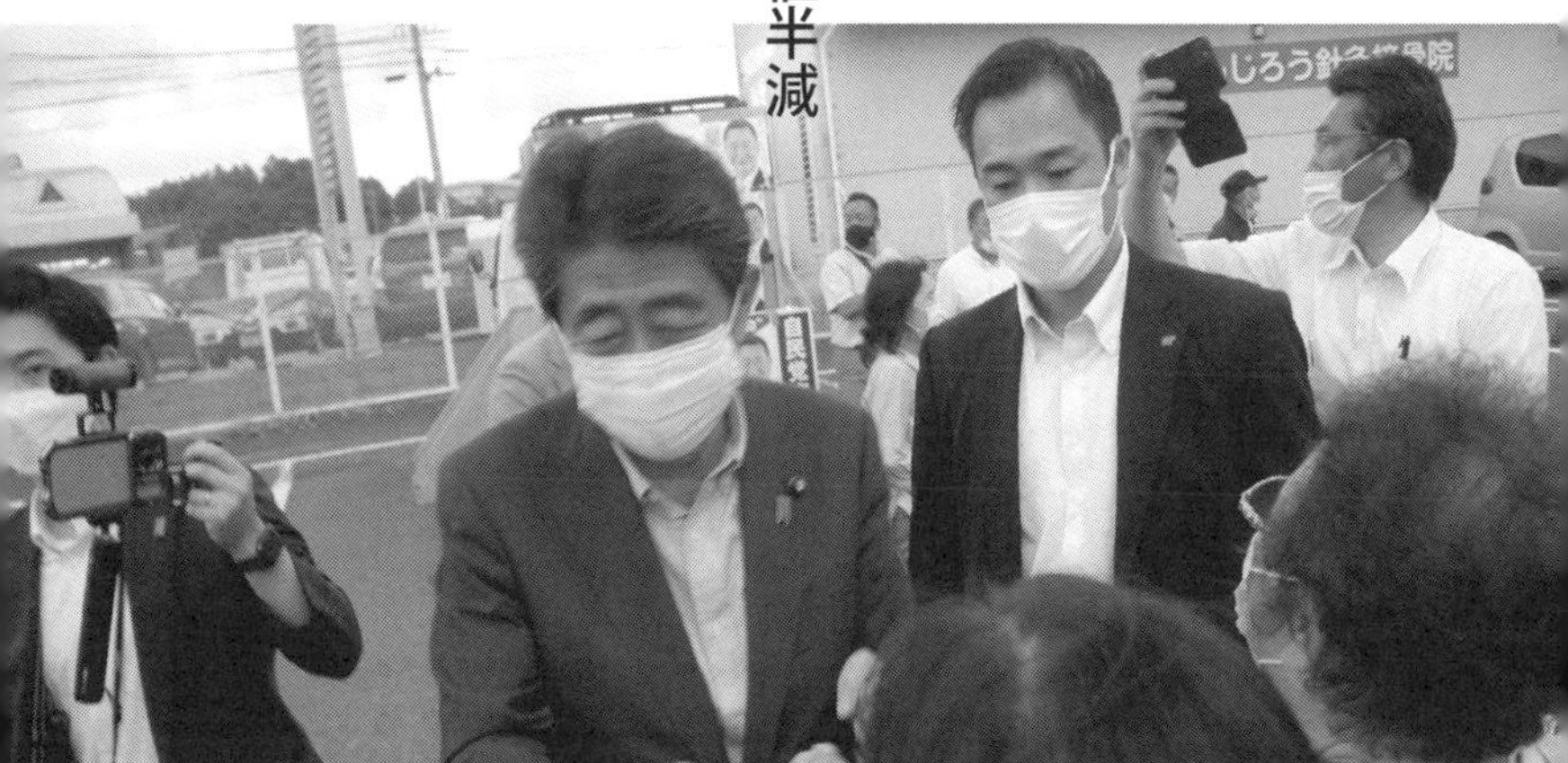

安倍元首相は参院選福島選挙区で応援演説、アベノミクスによる
円安誘導のメリットを強調した。

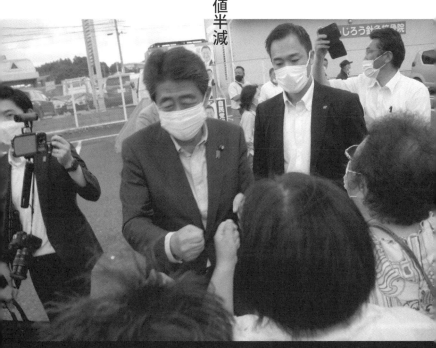

1　円安誘導の大罪に無自覚な安倍元首相を事件直前に直撃

二〇二二年六月二十二日に公示された「参院選（七月十日投開票）」で、有権者が最も重視する政策に急浮上したのが物価高対策だ。「物価高と戦う」「生活安全保障」を掲げる立民は、泉代表が「岸田インフレ」「（円安を招いた）アベノミクスを見直さないのか」と追及。共産・社民・れいわと共に消費税減税を求めてもいた。

そして当初の自民圧勝確実の選挙予測は、崩れかかっていた。ウクライナ侵攻と円安加速による物価高騰が岸田政権を直撃、「参院選公示直前になって野党がようやく勢いづいてきた」ためだ。しかも追い上げ傾向は後半に入っても続いていた。参院選全体の勝敗を左右する一人区で、自民優位から与野党伯仲へと転ずる激戦区が増えつつあったのだ。

その一つが福島選挙区で、福島三区で連続当選中の玄葉光一郎・元外務大臣はラストサンデーの七月三日、小野寺彰子候補の須賀川市での個人演説会で「（自民党公認・公明推薦の星北斗候補と）当初は十二ポイントあった差が縮まり、毎日新聞の調査では一ポイント差になった」と紹介。「去年の総選挙で福島（五小選挙区）は野党三勝で勝ち越している」とも強調、逆転勝利への手応えを語っていたのだ。実際、翌七月四日の毎日新聞は福島選挙区を含めた複数の選挙区で「自民優勢から接戦に転じた」と報じたのだ。

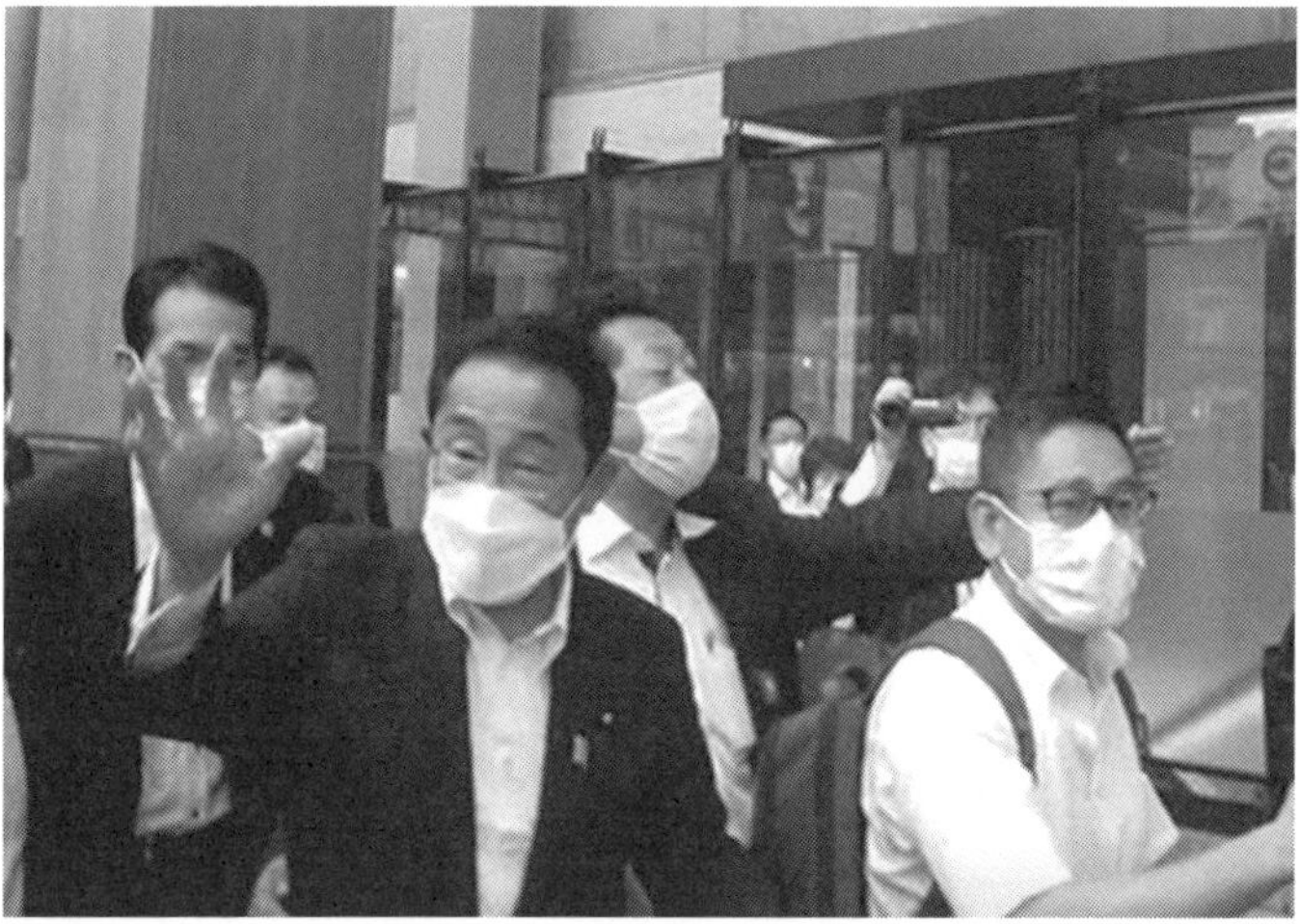

“安倍忖度政権”こと岸田政権（首相）は行き過ぎた円安で輸入物価高を招いているアベノミクスを見直そうとしない。

猛追の原動力は、小野寺氏がラジオアナウンサー時代に磨いた「話す力」。感情を込めた明瞭な話しぶりで、比喩も絶妙。岸田政権が引き継ぐアベノミクスによって円安と株高で大企業と金持ちが儲かる一方、庶民は物価高に苦しむ実態を「大きな歯車と小さな歯車」に例え、「大きな歯車だけでなく小さな歯車にもオイルを注がないといけない」と訴えた。聞きほれた司会者が涙ぐむほどで、共感が熱伝導のように広がる浸透力を持った話しぶりだったのだ。

しかし銃撃事件で野党追い上げムードは、一瞬のうちに吹き飛んだ。直後から、「バイ マイ アベノミクス（アベノミクスは買い）」と海外で訴える安倍元首相の演説映像などを垂れ流す〝追悼翼賛報道〟が溢れ返るようになった。物価高騰を「岸田インフレ」と命名、アベノミクス見直しをしない岸田政権を批判していた立民には痛手となった。自民追撃の切り札を無力化されるような形になったのだ。

銃撃事件の三日前の七月五日には、安倍元首相から物価高に苦しむ国民の怒りに火をつけそうな発言も飛び出していた。モリカケ追及の急先鋒だった自民現職の桜井充参院議員（公明推薦）が自民公認候補となり、追及された側の安倍元首相が応援演説をする珍百景が仙台で出現したのだが、その応援演説でアベノミクスの利点を次のように強調したのだ。

「（アベノミクスによる円安誘導で）海外からの観光客は三倍、四倍に増えました。仙台もそうです。いま円安になっている。たしかにいろいろなデメリットもあるが、経済においてメリットに変えていくチャンスでもある」「何と言っても観光。これ必ず再び海外からの観光客が戻ってくる。円安はチャンスなのです。一〇〇円が一三五円になっていれば、（外国人観光客が）日本に三五％引きで行けるようになる。日本に行けば今までよりも三五％引きになるわけです。（街宣会場の仙台場外市場の）『杜の市場』にも世界中から観光客が来ることになっていくわけです。ピンチをチャンスに変えていく」

アベノミクスの弊害を依然として軽視する自己陶酔型演説に唖然とした。外国人観光客が三五％引きなら日本国民は三五％の輸入物価高になる。円安誘導は観光関連業者にはチャンス到来でも、一般庶民にはピンチ襲来でしかない。自分に都合がいい部分を強調する姑息な世論誘導術は、首相辞任後も全く変わりはないと実感もしたのだ。

そこで演説後、「杜の市場」視察を終えた安倍元首相を直撃、「行過ぎた円安ではないか。（外国人観光客は三五％引きでも）日本人は三五％物価高です」と声掛け質問をしたが、安倍元首相から反論を聞くことはできなかった。

納得がいなかったので、次の応援演説が予定されていた福島選挙区（福島県田村市での星候補の街宣場所）にまで追いかけることにした。ここでも街宣車上での街宣を終えた後、聴衆との記念撮影やグータッチに応じていた安倍元首相に向かって大声で再質問をした。

――安倍さん、行き過ぎた円安ではないか。日本人は三五％物価高ですよ。外国人観光客は三五％安くても、日本人は三五％物価高。庶民の物価高、無視していいのか。アベノミクス（の円安誘導）で三五％物価高になるということでしょう。

安倍元首相（無言のまま聴衆とグータッチを続ける）

――アベノミクスの弊害、言わないのか。アベノミクスを見直さないのか。庶民は物価高で苦しんでいる。日本の通貨を安くして自慢しているのは安倍さんくらいではないか。恥ずかしくないのか。世界の笑い者ではないか。日本人は（輸入物価が）三五％アップしますよ。

安倍元首相（無言のままグータッチを継続）

アベノミクスの弊害（円安誘導による物価高）に目を向けない安倍元首相の傲慢さは第二次安倍政権時代と全く同じで、首相辞任後も党内最大派閥の安倍派（清和会）代表として岸田首相に大きな影響力を有していた。こうした自民党の党内力学からアベノミクスは見直されることなく現政権に継承され、「岸田インフレ」を招いていた。「輸入物価高の諸悪の根源はアベノミクス」という因果関係が見て取れたからこそ、私は岸田首相だけでなく安倍元首相への直撃取材も繰り返していたのだ。

参院選中盤の六月二十五日に立民の安住淳・元財務大臣は、仙台駅前での新人候補への応援演説で「アベノミクスを止めよう」と訴えた。金融政策の日米比較をした上で〝安倍忖度岸田政権〟を次のように批判したのだ。

「『金利を上げてまで、じゃぶじゃぶだった資金を回収しないとインフレは収まらない』という危機感が米国からは滲み出ています。しかし日本はそのままです。つまり『物価は上がってもいいから金融をじゃぶじゃぶにしていい』ということです。でも岸田さん、本音はもしかしたら私と同じように、『そろそろアベノミクスを止めないといけない』と思っているかも知れない。でも今の自民党の力関係だとできない。ちょっとでも、それを臭わせたら安倍さんが潰しにかかってくるでしょう」

2 参院選一大争点になっていた岸田インフレ

安倍元首相の意向に逆らわない〝岸田忖度政権〟の実態は、岸田首相の追っかけ取材をしているうちに目の当たりにすることができた。参院選の公示四日前の六月十八日、岸田首相は山形自民党大会で挨拶した後、山形駅前で街頭演説もした。参院選で有権者が最も重視する政策に急浮上した物価高対策について説明しながら「政治は安定が重要」と強調、自民党公認の元県議・大内りか予定候補への支持も訴えたのだ。

しかし岸田首相は「世界規模の物価高はウクライナ侵攻が原因」「有事における物価高騰」と外的要因を強調、円安加速を招いている金融緩和（アベノミクスの柱）を見直す姿勢は全くなかった。そこで街宣後、聴衆とのグータッチをほぼ終えた岸田首相に向かって「『岸田インフレ』と言われていますよ。金融緩和、見直さないのか。円安加速で物価高になるのではないか」と大声を張り上げたが、無言のままエスカレーターに乗って二階の改札口に向かっていった。すぐに階段を駆け上がって首相の一団に追いつき、岸田首相に再び声掛け質問をした。

――金融緩和、見直さないのか。円安加速で物価高が加速するのではないか。「岸田インフレ」「資本家の犬」と言われていますよ。

岸田首相　（一言も発しないまま改札口へ）

首相の後ろ姿を見て〝岸田忖度政権〟の限界を見る思いがした。二〇二一年秋の総裁選でも、急に森友再調査の否定に転じるなど、安倍元首相の意向を忖度しているとしか見えない姿勢を目の当たりにしたが、物価高対策でもアベノミクス見直しに踏み切れない弱腰ぶり（主体性のなさ）をさらけ出していたのだ。

しかし世論の風向きは変わりつつあった。岸田政権は高支持率のまま凪状態の通常国会を終えたことから「参院選での自民党大勝は確実」と見られていたが、物価高騰が岸田政権を直撃。政府の対策を「評価しない」が「評価する」を上回り、内閣支持率も下落に転じ始めた。参院選公示直前になって野党がようやく勢いづいたのはこのためだ。

この頃、れいわ新選組の山本太郎代表は議員バッチを外して参院選に出馬、参院選後の「国政選挙のない空白の三年間」に与党が暴走する恐れがあると警告をすると、維新キラーこと大石晃子衆院議員も六月一日の予算委員会で、消費増税分が法人税減税に回っていることを指摘、消費減税を否定した岸田首相を「資本家の犬」と一刀両断にもしていた。

一方、「政策提言型」を掲げる泉代表の立憲民主党も足並みをそろえるように対決色を強め、小西洋之参院議員（千葉選挙区）は二〇二二年五月三十日の参院予算員会で、「現在の物価高騰はアベノミクスインフレだ」と指摘。これを続ければ「岸田インフレ」になるとして円安を誘導した金融緩和（アベノミクスの柱）の見直しを次のように求めたのだ。

「（物価高は）もちろんエネルギー問題もあるが、輸入物価全体で三分の一は円安の影響だと岸田総理も認めているわけだから、（金融緩和推進を掲げる）『政府・日銀の共同声明』を見直す気がないのであれば、異次元の物価高騰は『岸田インフレ』と言うべき失策ではないか」

まさに正論だ。諸悪の根源は「金融緩和が柱のアベノミクス」にあり、それを未だに見直さないことが現在の「岸田インフレ」を招いているというわけだが、こうした悪夢の近未来図を第二次安倍政権が誕生した二〇一二年十二月当時から描いて見せていたのが、ベストセラー『デフレの正体』『里山資本主義』で有名な藻谷浩介氏だ。アベノミクス批判の急先鋒でもあり（「モタニ？　アイツだけは許さない」と言う安倍元首相の肉声を紹介した『週刊文春』二〇一四年十月二日号参照）、「安倍の円安政策は日本を滅ぼす」「もっと経済の現実を勉強しろ」と銘打った二〇一二年十二月十四日の日刊ゲンダイの記事でも、藻谷氏は「善意で日本経済を壊す危険がある」と問題視していたのだ。

「お隣の韓国では、ウォン安で原油購入代がかさんでガソリン代などが値上がりし、国民の不満が高まっています」「円安になれば燃料輸入額は増え、ガソリンや灯油も値上がりします。円高、円安にはそれぞれメリットデメリットがある。目下の日本では円高の方が大多数の日本国民にとってプラスです」（先の日刊ゲンダイ）

しかし安倍首相（当時）は藻谷氏の警告に耳を傾けず、黒田東彦日銀総裁を抜擢して異次元金融緩和に突き進み、案の定、円安誘導で日本国民も輸入物価高に苦しむ事態に陥っていった。ここに追い打ちをかけたのが、ロシアのウクライナ侵攻によるエネルギー価格高騰であったのだ。

それなのに岸田首相は、アベノミクス（金融緩和が柱）の見直しには踏み込まず、最近の外的要因をひたすら強調した。岸田首相は山形駅前でこう訴えた。

「日本における物価高騰を分析してみますと、六割がエネルギー価格が上がったことによる物価高騰。そして二割は食料品の価格が上がったことによる物価高騰。よって政府は、ガソリン価格の激変緩和措置ということで本来市場価格でしたらリッター当たり今頃二一〇円の価格が示されているところを一七〇円程度に抑えている対策が行われている。小麦においても政府売渡価格でもしっかりと上昇を抑制しているなど、エネルギーと食料品に特化した対策を次々と用意して、物価高騰に備えて国民の暮らしを守る取組みを進めているところです」「日本の物価高騰は二％程度に四月の段階で抑えられている。世界を見たならば七％から九％の物価高騰に苦しんでいる。このエネルギーと食料品に特化した日本の対策は効果が出ていると信じています」。

付け焼刃的な小手先対策とはこのことだ。金融緩和見直しという抜本的対策には踏み込まない自らの職務怠慢を棚に上げ、〝安倍忖度政権〟の実態がばれないようにしたともいえるが、岸田首相の姑息な演説は続いた。

「例えばアフリカにおいては食料の不足にも耐えながら平和を守るためにしっかりと（ロシアへの経済制裁に）協力をしている。ヨーロッパにおいては、エネルギーのとんでもない価格高騰の中にあっても平和を守るために多くの国民が協力をしている」「なんでこんな物価高騰が起こっているのかに思いを巡らせていただき、平和を守るために日本も力を合わせていかないといけない」。

「有事の物価高騰」が原因で海外の国々も経済制裁に協力しているのだから、同じように日本国民も我慢するのは当然と言わんばかりの演説内容だが、大東亜戦争中の標語「欲しがりません勝つまでは」と重なり合うものがあった。岸田首相も、戦争を口実に自らの失策への批判を回避する権力者の常套手段を駆使したともいえる。

3　黒田インフレを直撃

同じような上から目線の言動で世論の反発を買ったのが、二〇二二年六月六日の講演で「家計の物価値上げ許容度も高まっている」と発言した黒田東彦・日銀総裁だ。批判を受けて六月八日の国会で

アベノミクスの柱・異次元金融緩和を見直そうとしない黒田東彦日銀総裁。行き過ぎた円安で自国通貨価値を半減、輸入物価高を招いたことに対する反省や謝罪はなかった。

発言を撤回したが、諸悪の根源であるアベノミクス是正をしないのは岸田首相と同じだった。

米国など諸外国が物価抑制のために軒並み利上げに傾く中、日本だけが金融緩和政策を続けて「円の独歩安」を招いた結果、さらなる物価高騰に国民が苦しむ事態となっていたのだ。

六月六日の問題発言から初の会見に黒田総裁が臨んだ六月十七日、私は次のような質問をした。「『先進国の中で物価高と賃金下落を招いたのは日本だけだ』と金融緩和政策を批判している研究者がいるが、結局、アベノミクスの柱である金融緩和は、『大企業・お金持ちは株高・円安で儲かっても庶民は物価高で苦しむ』というのが結論・結果だと思うが、これを是正しないのはなぜなのか。『大企業・金持ち優遇、庶民は二の次』というのが日銀の考えなのか。アベノミクスを否定すると、安倍さんに怒られるとか忖度しているとか、そういう理由なのか。このままだと『黒田インフレ』と言われかねないと思うが、反論をお願いします」。

黒田総裁はこう否定した。

「全くそういうふうに考えていない。二〇一三年一月に日本銀行の政策委員会の独自の判断で二％の物価安定目標を決め、それが政府と日本銀行の共同声明にも採用され、二〇一三年四月から、量的質的金融緩和が始まったわけだが、そうしたもとで、それまで十五年続いたデフレはデフレでない状況になり、ベアも復活し、経済成長も復活し、（中略）雇用も非常に大きく拡大し、所得も幅広く上昇したことがあるので、指摘のようなことは全くなかったというふうに考えている」

金融緩和見直しを否定する黒田総裁の回答に対して私は、「物価高を考慮した実質賃金は下落しているではないか」と反論したいと思ったが、「日銀総裁会見では再質問はしないのが慣例」と聞いていたので再質問は控えた。しかし、このアベノミクス継承（金融緩和維持）が参院選の一大争点になることは確実だった。

「金融緩和は参院選の争点　上がらない賃金『日本だけが異常』　求められる政策の検証」と銘打った二〇二二年六月十五日の東京新聞の記事には、吉川洋・東大名誉教授のコメント「当時も今も、先進国で日本だけ賃金が上がらない異常な状況は変わっていない」に続いて、日本総研の河村小百合氏が「日銀は各国と同様、緩和政策を柔軟化して金利を上げるかどうかの検討が必要だ。生活に大きな影響を与える以上、日銀の政策も参院選で議論すべきだ」と呼びかけていたからだ。アベノミスク継承の「（安倍忖度）岸田インフレ」イエスかノーかが争点になると指摘していたのだ。

これに対して岸田首相は公示四日前の六月十八日、山形自民党大会で挨拶、山形駅前でも街頭演説をしたが、「世界規模の物価高はウクライナ侵攻が原因」「有事における物価高騰だ」と外的要因ばかりを強調、円安加速を招いているアベノミクス（柱は金融緩和など）を見直す姿勢は全くなかった。「家計の物価値上げ許容度も高まっている」と庶民感情を逆なでして発言撤回に追い込まれた黒田日銀総裁と岸田首相は瓜二つだが、アベノミクス見直しを拒むことでも両者は足並みをそろえていたのだ。

長野選挙区でも岸田インフレは一大争点になっていた。元ＴＢＳのキャスターだった立民現職の杉尾秀哉参院議員を、ローカルタレントの自民新人の松山三四六候補（公明推薦）が猛追、横一線の激戦となっていた。ちなみに杉尾氏は野党合同ヒアリングの常連で、野党攻撃ツイッター「ダッピ」の標的になるほどの政権追及の急先鋒。通常国会でも岸田首相を追及したエース級野党議員に対し、松山氏は野外ライブ的熱狂選挙を展開していた。

岸田首相が応援に駆け付けた七月四日、長野駅前は異様な熱気に包まれていた。「ファンクラブが出来ているのは松山候補だけ」と司会者が紹介された松山氏が「（長野は）東京には無いものを幾らでも持っている」「日本一の信州を作る」などと叫ぶ度に、シンボルカラーの黄色の折紙を手に持つ聴衆から歓声が上がるのだ。

続いて隣の岸田首相が「長野の魅力に引かれて移住してきたと聞いています」と話し始めると、聴衆の反応は急低下。首相を遥かに上回る話術が松山氏の武器なのだ。

野外ライブ的な聴衆との一体感は公示日も同じ。松山氏が師と仰ぐ歌手の松山千春氏が登場、「長野のことを想うなら三四六」と称賛、ヒット曲「大空と大地の中で」を歌い始めると、聴衆も合唱。この時も拍手喝采が湧き起り、盛り上ったのだ。

都合の悪いことには触れない一点集中型の演説も松山氏の特徴。七月四日の街宣では、信州の魅力発信を繰り返し訴えたが、一大争点の物価高にはほとんど触れず、七月七日号の週刊文春が報じた「松山千春応援に『公選法違反』疑惑」についても釈明も謝罪もしなかった。プロの歌手が有償で提供する歌を有権者に無償で披露したことから、買収を禁じた公選法違反に該当する可能性があると指摘されたのだが、岸田首相も無視。「選挙違反をしてでも勝つ」というのが自民党の手法のようなのだ。

一方の杉尾氏は、アベノミクス固執の岸田政権を批判する政策論争で勝負。銃撃事件六日前の七月二日に松本空港に降り立った泉代表と、近くの道の駅で街宣。まず泉代表が、アベノミクスによる円安誘導で国民が物価高に苦しんでいるのに「円安は日本経済にプラス」と主張する黒田日銀総裁と岸田首相を批判。そして「戦う政治家が必要」と締め括ると、マイクを手渡された杉尾氏も「アベノミクス固執の岸田首相も自民党も日銀も国民の暮らしの方を向いていない。物価高で生活が厳しくなるばかり。だから政治を変えないといけない」と訴えた。「政治の安定」を強調して岸田インフレを放置する自公政権とは違う選択肢を示したともいえるのだ。

こうして物価高騰が参院選最大の争点に浮上、「安倍忖度の岸田インフレ」への審判が下されようとした直前、安倍元首相銃撃事件が起きて〝追悼翼賛番組〟で溢れ返った。国民生活に密接な関係のある一大争点がかすんでしまった結果、天王山の一人区で自民党は二八勝四敗（長野選挙区では杉尾氏が勝利）、改選過半数を占める大勝となる一方、立憲民主党は二三から六議席減の一七議席と惨敗をしたのだ。

岸田政権も継承するアベノミクスで円安は加速、国民が物価高に苦しむ中で安倍元首相の国葬が閣議決定された。民主党政権時代に比べて自国通貨の価値を半減させた〝A級戦犯〟が国を挙げて追悼されるのはパロディとしか言いようがなかったのだ。

無反省なのは、安倍元首相と二人三脚でアベノミクス（異次元金融緩和などが柱）を進めた黒田日銀総裁も同じだった。行き過ぎた円安で輸入物価高を招き、国民生活が苦境に陥ってもアベノミクスを肯定的に評価しているのだ。九月二十二日の会見で自国通貨の価値を半減させたことについて質問したが、黒田総裁は次のように反論した。

――安倍総理とともにアベノミクス、異次元緩和を進めた結果、十年経つと、（ドルに対する）円の価値は半減して行き過ぎた円安で輸入物価高、国民生活は苦しくなっている。（異次元緩和が柱のアベノミクスは）明らかな失敗ではないかと思うのですが、その認識はあるのでしょうか。
黒田総裁　ありません。
――（円安で）これだけ国民生活が苦しんでいるのにまったく責任を感じていないのか。過去に、古今東西、自国の通貨（価値）を半減させて評価されるケースはあるのか。
黒田総裁　半減させていませんし、何回も申し上げますが、二〇一三年以降の金融緩和の下で政府の政策とも相まってデフレでない状況をつくり出し、かつ実質的な成長も一％台前半のレベルに到達し、雇用を非常に大きく拡大し、雇用者所得も伸びたということであります。ただ先ほど来、申し上げている通り、賃金・物価は一％未満で止まっていたということであります。ですから、そのなかでさまざまなことがあったのは事実であり、二％が安定的・持続的に達成できていないことは残念でありますけれども、ご指摘のような問題があるとは思っていません。

――国民がこれだけ物価高に苦しんでいるのにまったく責任を感じていないと。アベノミクス、異次元金融緩和を見直すつもりはない考え方なのか。

黒田総裁　発言の主旨は事実に基づいていない話で、何回も申し上げるが、デフレのない状況をつくり出し、成長と雇用を回復させた実績はあったと思うが、今の時点の物価上昇は相当部分が国際的な商品価格の上昇によっているわけで、我が国は二％台後半の上昇になっているが、欧米を見れば、八％から一〇％の物価上昇になっているわけだ。そうした状況をよく考えて判断してほしいと思う。

――自国通貨の価値は、民主党政権時代の七〇円台から一四〇円台へと半減しているのではないか。それは事実ではないか。

黒田総裁　（無言。質疑応答終了）

黒田総裁は「発言の主旨は事実に基づいていない」と反論したが、民主党政権時代に一ドル七〇円台にもなった円相場が一四〇円台に下落したのであり、円の価値がほぼ半減したのは紛れもない事実なのだ。

二〇一二年十二月の第二次安倍政権誕生当時からアベノミクス批判をしていたエコノミストの藻谷浩介氏は、「安倍氏の政治と経済運営　〝まつりごと〟酔ったツケ」と銘打った二〇二二年十月九日の毎日新聞で、安倍元首相が（二〇）一三年に始めた「異次元金融緩和」を「大失敗政策」と一刀両断にした。「世界は日本経済をドル換算で見ている」と指摘したうえで、日本の名目GDPがドル換算で史上最高だったのは野田佳彦氏が首相だった（二〇）一二年（六・三兆ドル）に対して、第二次安倍政権時代の（二〇）一九年には五・一兆ドルと二割近くも減ったことに注目。「異次元金融緩和が、円安誘導で日本経済の価値を大きく下げた大失敗政策であった」と結論づけた。

そして藻谷氏はこう続けた。

「経済情勢の悪化に対しては、まだしもいろいろな方策を模索可能である。それよりも恐ろしいのは、無意味な円安を招いた責任、祭りに酔っていた者たちの責任が、自覚されないままになることだ。そんな日本であれば、これからもまた、誰かを担ぐ〝まつりごと〟に酔った末の過ちが、繰り返されてしまうだろう」

異次元金融緩和は大失敗政策だったと認めずに反省も謝罪もしないのは、安倍元首相も黒田総裁も瓜二つだった。アベ政治を神格化することにつながる国葬の危うさはここにあるといえる。自国通貨価値を半減させた大失敗政策の責任追及がなされないまま、まるで成功した経済政策であるかのように捉えられて継承されてしまうことになるのだ。亡くなってもなお安倍元首相は背後霊のようにして岸田首相を呪縛、アベノミクスからの転換を阻害しているように見えるのだ。

翌月（十月二十八日）の会見でも、黒田総裁の発言に変化の兆しは見られなかった。私は先月と同じ主旨の質問をしたものの、同じような回答しか返って来なかったのだ。

——イギリスでは歴史的ポンド安でトラス首相が辞任しましたが、通常、自国通貨を大幅下落させることは政策の失敗、マイナス面が大きいと否定的に捉えられるのが普通だと思うのですが、日本では三十年ぶりの円安になっても総裁は異次元金融緩和のメリットを強調されて見直す考えはないと仰っていますが、総裁だけが世界的に通用しないモノサシを使って政策評価をされているのではないでしょうか。古今東西、自国通貨を大幅に下落させて評価された中央銀行総裁、政治家はいらっしゃるのでしょうか。

黒田総裁　私はいま仰ったようなことは全く考えておりません。何度も申し上げていますように金融政策は為替を目的にしておりません。あくまでも物価安定の目標を賃金の上昇とあう形で安定的・持続的に達成するということを目標にしています。為替について、水準について、とやかく申し上げるつもりはありませんが、むしろ円高で非常に困って来た歴史を日本は持っているわけでして、いまのようなことを世界の中央銀行総裁が共有していると思いません。

——古今東西、そういう（自国通貨大幅下落で評価された）例はあるのですか。総裁の自己弁護を聞いているのではなくて、そういう事例があるのかどうかを聞いている。

司会者　これで会見を終わります。

注1　黒田日銀総裁会見で毎月質問できるようになったことに関する記事

「日銀総裁会見から排除されかけた　日銀総裁会見の『閉鎖的』な体質　記者クラブ側にも問題ないか」

（二〇二二年九月二十日のニュースソクラ）

　円安進行で注目される黒田東彦日銀総裁会見。前回の七月二十一日の会見で、日銀記者クラブの幹事社（会見の司会などクラブ業務を引き受ける、一カ月ごとに交代）から、腑に落ちない対応を受けた。ことの顛末をお伝えしたい。

　まずは、会見への参加問題である。日銀総裁会見は日銀記者クラブの主催で、フリーライターでクラブに加盟しないわたしは、会見ごとに幹事社に参加を申し入れ許可してもらう必要がある。

　前々回となる六月十七日の会見（幹事社は時事通信など）ではすんなりと参加が認められたのに、七月二十一日の会見（幹事社は産経新聞、東京新聞、ＴＢＳ、ダウジョーンズ）には参加不可を告げられた。「コロナ感染拡大で記者クラブ以外の記者を四名に限定、先着順で既に枠が埋まってしまった」（産経新聞）というのが理由だった。会見前日の七月二十日のことだ。

　この時に私は「批判的記者には質問権を与えない」という差別的報道対応（排除の論理）の臭いを感じた。「長崎県知事選（二月二十日投開票）」でも同じような体験をしていたからだ。前回六月の会見で私はアベノミクスと黒田日銀の姿勢を質していた（注・一一三頁に紹介）。

　いまの日銀の政策に批判的な原真人朝日新聞編集委員も質問させてもらえないことがあったと「日銀総裁会見の閉鎖的なところ」を今年（二〇二二年）二月二二日掲載のコラムで明らかにしている。

　私は、すぐに幹事社に厳しく抗議、「コロナ対策を理由にした根拠（科学的エビデンス）」と今回の決定に関する「議事録」の提示を求めた。六月に参加していて会場の後方には追加受け入れの余地があるとわかっていたからだ。

　しかし幹事社の産経新聞から二十日十七時すぎ、再び参加不可とするメールが届いた。

「今回は枠がすでに埋まっており、これ以上の参加は受けられません。加盟各社にも意見を聞きましたが、例外は認められないということで見解が一致しております」「横田さんの他にも参加希望をいただいた方が複数名いらっしゃいますが、みなさん同様にお断りし、ご納得いただいたところです」

しかし「コロナ対策を理由にした根拠」と「議事録」がなかったため、到底納得できる内容ではないとして再提示を求めると、十八時すぎに以下の回答が届いた。

①科学的エビデンスについては、会場提供者である日本銀行に確認したところ、「レイアウトについて、席と席の間の距離を確保しているのは確かだが、科学的なエビデンスとして示せるものはない」とのことでした（筆者注、クラブ外からの参加者の座席数は日銀が決めているということ。主催は日銀記者クラブのはずなのに）。

②「議事録」については、昨日の電話では、総裁会見の議事録を作るようにとの趣旨で仰っていたかと思いました。こちらの誤解でしたら申し訳ありません。簡単なメモにはなりますが、横田さんの件につきましては、加盟社から下記のような意見が寄せられました。

* * *

- 今回に限らず会見の出席に制限を設けることは適当ではないが、今回はコロナ対応で物理的に制限が必要ということもあり、その中でのルールを守ることも重要と認識している
- これまでも上限を設けて運営し、参加をお断りしている前例があり、例外を作ると公平性に問題が生じる
- 仮に上限を見直すとしてもクラブ総会を開催したり日銀側と調整する必要があり、今回の会合での受け入れは現実的ではない
- 足元の感染拡大を踏まえると、上限を緩める局面ではない
- クラブ員ですら、多くの希望者が入れないので致し方ない
- 以前から先着順で受け入れている

・幹事社の対応に異存なし

以上です。ご理解のほどよろしくお願いいたします

＊　＊　＊

（中略）説得力のない回答と判断し十五分後に再回答を求める、以下のメールを送付した。

『コロナ対応で物理的に制限が必要」というならば会見場の後ろのスペースで立見状態で参加した場合、『席と席の間の距離』と同じ距離を保ったまま、数人程度の追加参加が可能なのは前回参加をして確認済。

よって、図面付きで四名が最大人数であることを示す根拠（文書）を示していただきたいと思います。

また、今回の決定に賛同した加盟社名と記者の名前も併記していただけますと、幸いです。それぞれの社の姿勢としても問題にしたいと思っていますので

＊　＊　＊

しかし再回答が届かなかったので同日（二十日）二十二時すぎにツイッターで一連の経過を会見場の写真と回答文書を付けて発信した。

「二十一日の黒田日銀総裁会見は四名限定で参加拒否。コロナ対策が理由だが。後ろのスペースに立見状態での参加を申し入れるが、幹事社（ツイッターでは社名と記者の実名も記した）が以下の文書で拒否。手前の椅子が記者クラブ以外の記者用四席。この横のスペースに距離を保って立見参加を認めれば、もっと多くの記者の参加可能」

私はめずらしく怒っていた。

会見当日になって幹事社から、コロナ感染で会見参加をキャンセルする記者が出てきたので参加の意向を尋ねる電話があったので了解し、十五時半からの会見に参加することはできた。

あとでどの社がキャンセルしたのかニュースソクラ編集部を通じて尋ねると「経済週刊誌の〇社ではないかと思うが、覚えていない」とのことだった。〇社に問い合わせると、確かにコロナでキャンセルしていた。

結局、参加できたのはよかったが、経緯には納得できない部分が残った。

幹事社は「日銀からオブザーバー上限は四と聞かされた」と話す。コロナによる人数制限を全面的に否定するわけではないが、参加者を増やすよう働きかけてくれてもよかったのではないか。同じ記者としてやはり残念な気がする。

もうひとつの問題点は、会見時間の制限とそれに絡んだ質問制限だ。

司会の産経の記者は「十六時半に会見終了」と開始早々に告知、一時間たつとばっさり打ち切った。まだ質問を求める記者が一〇人近くはいたのに。円安局面で、日銀への厳しい見方が増えているいまのような時期に、会見時間を一方的に制限するのはメディア側がするべき対応とは思えない。

時事通信が幹事社だった六月会見の際には、一時間経過後も希望者全員の質問を受け付ける司会をしていた。

この件に関してはニュースソクラの問い合わせに対し、産経新聞の記者は「四十五分が原則のところを一時間まででした」と回答したが、それまでの会見と対応が違うので「それでは四十五分のところで、質問を集約し、全員が質問できるようにする方法もあったのではないか」と聞くと、「二カ月も前の話だから覚えていない」との回答だった。

クラブ員以外の社の座席数の上限を日銀が決めていたこともあって「批判的質問は少なくしたい日銀側の意向を付度したのではないか」という疑問が湧き上がってきた。それくらいしか、会見をメディア側が打ち切る動機が思いつかないからだ。

日銀クラブで日経新聞のキャップ（取材記者のリーダー役）をしていたこともあるニュースソクラの土屋編集長に聞くと、そもそも、いまの日銀総裁会見は奇妙な点が多い。

質問者は自分の質問に対する総裁の答えに対して、さらに追及する質問ができない。答を承ってそれでおしまい。いわゆる「さら問い（さらに質問する）」なしだ。

大臣会見でこんな甘いルールを受け入れているところはないし、かつての日銀総裁会見はさら問いはできたという。米国では大統領の会見もさら問いはできる。いつから記者クラブはこんな日銀に都合のよいルールを受け入れたのだろう。

さらに会見冒頭は決定事項の説明と称して延々と、総裁が資料を読み上げる。事前に配布している資料を読み上げ、会見時間を食いつぶしている会見などほかにはない。記者クラブの加盟社に対しては会見前のブリーフィングまでしているのに、だ。

そんな馬鹿なことはまさかあるまいと普通の人は思うだろうが、これまでの会見動画をみていただきたい。

かつては記者側がそれぞれに質問していた（形式的には幹事社が仕切るルールだった）が、いまは総裁が質問者を指名する。そのため、うるさい記者は指名されなくなったとされてもいる。すでに書いた朝日の原編集委員がそういう扱いを受けていたようだが、ほかにも外資系通信社の名物記者が結局、参加できなくなったと聞く。黒田総裁は無意識に避けているということなのだろうか。

国民生活を直撃している物価高に対して無力にしかみえない日銀とアベノミクスの検証・見直しはきちんと進める必要がある。そのためにも、日銀総裁会見での公平な対応と十分な時間確保は必要だと考えるのはおかしなことなのだろうか。

次回九月二十二日の総裁会見では幹事社は毎日新聞などに交代している。挙手した記者全員が質問できるような公平な対応となるのだろうか。「さら問い」は復活しているのだろうか。

注2　**六月二十二日の立川駅前街宣を終えた安倍元首相への直撃（声掛け）**
岸田政権もアベノミクスを継承する中、ロシアのウクライナ侵攻が追い打ちをかけた。アベノミクスによる「平時の物価高」を招いてきたのは安倍元首相であり、その見直しに踏み込めないのが岸田首相という関係にある。

しかし安倍元首相は二〇二二年六月二十二日の街宣で、立憲民主党の泉代表がアベノミクスの見直しを討論会で主張したことに反発。「『金利を上げるべきだ』と言っており、驚がくした。逆に引き締めると『悪夢』のような時代に戻ってしまう」と訴えた。そこで筆者は同日の立川街宣を終えた安倍元総理を直撃、声かけ質問をした。

「アベノ（ミクス）インフレと呼ばれていますよ。物価高の原因ではないでしょうか」

安倍元首相は、無言のままグータッチを続け、色紙にサインをしている。筆者は再度尋ねた。「アベノ（ミクス）インフレと言われています。物価高の原因となり、アベノミクスは失敗だったのではないですか。庶民が苦しんでいますよ」

安倍元首相は無言のままだった。

注3　六月二十二日の立川駅前街宣を終えた丸川珠代元大臣への直撃

――丸川先生、アベノミクスが物価高の原因ではないのですか。

丸川元大臣　全く関係ないです。

――なんで関係がないのですか。円安を招いて物価高につながっているではないですか。

丸川元大臣　（無言）

――丸川先生、アベノミクスと物価高が関係ない理由、よく分からないのですが。経済学の常識ではないですか。円安誘導で。

丸川元大臣　（無回答）

――先生、分からないのですが、アベノミクスの理由。（物価高が）アベノミクスと関係ない理由。教えて下さいよ。経済学の常識ではないですか。なんで、円安誘導で物価高になる理由が分からないのですか。

丸川元大臣　（全力疾走）

――敵前逃亡ですか。全然、議論に答えないではないですか。

丸川元大臣　車の窓を閉め切ったまま走り去る。

注4　立川駅前街宣を終えた長島昭久衆院議員直撃（時限的消費税に賛成発言）

――アベノミクスが物価高の一因と思われないのですか。

長島氏　全然違う。逆ですよ。

――円安を招いて物価高になる。

長島氏　物価高はウクライナ戦争だから。

――その前にアベノミクスで円安に誘導していたのがダブルパンチになった形ではないか。

長島氏　そうでもないのだって。これで金利を上げたら大変なことになる。

――でも異次元緩和でこういう事態を招いた。（物価高の）土壌を作ったのではないか。

長島氏　全然、局面が違うから。前のことと今のことを比較されても困ってしまう。

――（第二次安倍政権が誕生してアベノミクスが始まった）十年前に比べてこれだけ円安になったから（ウクライナ侵攻起因の物価高との）ダブルパンチで庶民が苦しんでいる。これだけ円安になっているのは問題ではないですか。

長島氏　そうね。でも、これを乗り越えれば、円安効果が出てくる。円安で海外から観光客がどんどん来て。

――それまでは庶民は物価高で苦しむということですか（聴衆との立ち話で一時中断）。

――日米金利差でもっと円安になるのではないですか、このままだと。

長島氏　だって向こう（アメリカ）だってドル高を容認しないから、アメリカだってこれから政策転換をしていくから。インフレを乗り切ったら今度は――。

――インフレを乗り切りろうとしてアメリカは金利を上げて、日本は上げないのでは（さらに円安加速で物価高になる）。これから日本も（金利を）上げるのですか。これから金利を上げていくのですか、金利を日本も。

長島氏　日本はしばらくは上げない。だって、みんなコロナで借り入れて、これで金利を上げたら死んでしまう（一時中断）。

――では日米金利差が埋まらずにますます円安が加速するのではないか、このままだと。

長島氏　しばらくは仕方がない。

――その間は庶民が物価高に苦しむと。

長島氏　そこは財政で補填していくわけです。

――消費減税はなぜやらないのか。

長島氏　それは、やった方がいいと俺は思う。それは本当はそうなのですよ。一回暫定でもいいから。イギリスだって時限的にやっているのだから。それはそう思うね。

――やった方がいい！　ぜひ自民党で言って下さいよ。ぜひ岸田さんに「アベノミクスの失敗を埋め合わせるのには消費減税しかない」と言って。

長島氏　俺の言うことは聞かないよ。

――安倍さんも少しは反省した方がいいのではないですか。異次元金融緩和、十年間振り返るとやりすぎたと。儲かったのは（円安と株高で）大企業と金持ちだけでしょう。庶民は物価高で苦しむ。庶民は物価高で苦しんでいる。こういう惨憺たる結果になっているのではないか。今でもアベノミクス称賛では支持者の理解は得られないのではないか。

長島氏　いやいや、そんなことはない。

第6章　国賊・安倍元首相の葬儀になぜ税金投入

県民葬で弔辞を述べる細田博之・衆院議長。旧統一教会との関係について会見で説明せずに文書提出で済ませたことから「紙対応」と揶揄された。

1　国葬前後の反対集会・デモのプラカード「安倍は広告塔」

安倍元首相の国葬が行われた二〇二二年九月二十七日昼過ぎ、デモの呼び掛け人が日比谷公園で出発前にスピーチをした後、会場の武道館に向かって十三時からデモ行進を始めた。主催者の発表で一五〇〇人が参加。デモの先頭に立った評論家の佐高信氏は出発前、「今日の国葬を誰が一番喜んでいるか、言うまでもなくそれは統一教会」「統一教会が喜ぶ国葬をやって、自民党が統一教会と離れることができるか」と訴えていた。

そしてデモの先導車からはこんな掛け声が発せられ、後に続く参加者が呼応していくやりとりが続いていった。

- 女性　安倍晋三は国賊だ！
- 男性　無くそう国葬！
- 女性　無くそう国葬！
- 男性　国葬反対！
- 女性　国葬反対！

国葬に反対するデモや集会が全国各地で開かれた。

国会前でも同時刻に国葬反対集会が開かれていた。国葬が始まった十四時、呼びかけに応じて音が出るものを持ち寄った参加者が武道館での黙禱の時間に合わせて太鼓やタンバリンなどで音を鳴らし、抗議の意思表示をした後、駆け付けた野党の国会議員が挨拶をしていった。共産党の志位和夫委員長は、参加者と掛け合いをしながら次のように訴えた。

「安倍政権こそは戦後最悪の政権だということははっきり言いたいと思うのです。皆さん、憲法違反の安保法制を強行して日本を戦争をする国作りに、暴走に駆り立てた。立憲主義を破壊したのは一体誰ですか（「安倍だ！」の声）。

アベノミクスを強行して格差と貧困をここまでひどくしたのは一体誰ですか（「安倍だ！」の声）。

消費税を五％から八％、一〇％へと二度も大増税をやって国民をこんなに苦しめたのは一体誰ですか（「安倍だ！」の声）。森友問題、加計問題、

９月27日、国会前での国葬反対集会で訴える志位委員長。

桜を見る会の問題、国政私物化疑惑にまみれたのは一体誰ですか（「安倍だ！」の声）。

そして統一教会と首までズブズブの関係を作って、最大の広告塔になったのは誰ですか（「安倍だ！」の声）。

そんな政治を礼賛し、国民に押し付ける。こんなことは断固、お断りしようではありませんか。（「そうだ！」の声）そして民意を無視し、憲法を無視し、戦後最悪のアベ政治を国民に強要する岸田政権はもう終わりにしようではありませんか（「そうだ！」の声）」

この志位委員長の訴えは、アベ政治の弊害（大罪）を列挙した後に「国賊」と断罪した村上元大臣発言とぴったりと重なり合った。「〝村上発言〟のロングバージョンが志位委員長のスピーチ」と言われても全く違和感を抱かない。世論調査でも国葬反対が賛成を上回ったことからも明らかなように、自民党から共産党にまで至る幅広い人たちが国葬反対であったのだ。

しかし国葬会場の日本武道館は、国会前反対集会とは別世界のような雰囲気に包まれていた。遺骨を手にした安倍昭恵夫人が十四時すぎに会場に入り、葬儀委員長の岸田首相に託された後、安倍元首相の歩みをまとめた政府制作ビデオ（約八分間）が流れた。東日本大震災チャリティーソングである「花は咲く」をピアノで弾く場面から始まり、被災地に何度も足を運んだことも紹介され、首相辞任後に再び返り咲いた経験、米国での「バイ・マイ・アベノミクス」の発信、地球儀を俯瞰する外交、そして安保関連法などが紹介されていったが、村上元大臣と違って否定的な内容は一切なかった。森友・加計・桜を見る会などマイナス面はすべて消し去られたのだ。友人代表の菅義偉元首相が「安倍総理」と呼びかける弔辞でも「あなたの判断はいつも正しかった」と称賛一色。これを聞いた昭恵夫人がハンカチで涙をぬぐう様子をテレビカメラが映し出してもいた。

安倍元総理への称賛一色で染まったのは、約半月後の二〇二二年十月十五日に山口県下関市で行われた県民葬も同じだった。自民党安倍派（清和会）の萩生田光一政調会長ら約八〇名を含む二千人（主催者発表）が参列する中、「安倍元首相と同じように教団票差配をしていた」と見られる安倍派元会長の細田博之衆院議長が弔辞を述べたのだ。

二〇一九年十月の韓鶴子総裁出席のイベントに参加して「内容を安倍首相（当時）に報告します」と発言した細田氏だが、泉代表が二〇〇二年十月五日の代表質問で議長席を振り返りつつ問い質しても一言も答えず、記者会見を開くこともなく二回の文書提出で事足りた。皮肉を込めて「紙対応」と報じられたが、永田町と違って下関での県民葬では一転して雄弁となり、安倍元首相を次のように褒め称えたのだ。

「君は終始、経済の成長および行財政と教育改革ならびに災害からの復興に心魂を傾け、また世界の繁栄と平和に力を活かし、国民生活の充実と我が国の国際的地位の向上に貢献されました。その功績はまことに偉大であります」

遺骨を抱えて入場した昭恵夫人も銃撃事件後に初めて挨拶。「日本のために大きな仕事をさせていただいた、豊かな六十七年の人生だったと思っています」と総括したのだ。

そして県民葬の会場「海峡メッセ下関」でも、生前の姿を紹介する約四分間の映像が流れたが、国葬の政府制作の映像と同様、アベ政治のマイナス面には一切触れていなかった。しかも同時刻に抗議集会が開かれたのも国葬と瓜二つだった。

県民葬会場から約一キロ離れた下関市役所前では「憲法違反の県民葬はやめようや」「県民の税金を六三〇〇万円も使わないで‼」「赤木俊夫さんの魂を忘れない！」といったプラカードを持った市民が結集、「内心の自由の侵害」と訴えていたのだ。

国葬でも県民葬でも民意が二分されて抗議の声が上がったのは、旧統一教会との関係などアベ政治のマイナス面（不都合な真実）が消し去られ、都合がいい部分だけを称賛することで、安倍元首相を神格化しようとしているためだった。

二〇二二年八月十六日の新宿駅前街宣で、前川喜平・元文科省事務次官がこう訴えた。

「悼み悲しむというのは人の心の問題です。私はどうしても、この人の死を悼み悲しむ気になれないのです。気の毒だとは思います。しかし、悼み悲しむという気持ちは湧いてこない。私はやっぱり赤木俊夫さんの方が悼み悲しむべき相手だと思っています。（「そうだ！」という声と拍手）」

デモが終わった直後に前川氏に雑感を聞いてみた。「『国葬反対』と言ってしまったので『反対なのだから来て』と言われたら断れない。（スピーチについて）結局、アベ政治に終止符を打つというか、何か、（国葬が）安倍さんの総仕上げのような感じになっている。アベ政治を神格化するのか批判して終わるのかということです。このままだと、安倍さんは英雄で偉人でものすごく立派な人ということで、学校で黙とうなんかした時には、子供たちに一体何と教えるのかと。この国葬を子供たちに教えられないですよ。先生たちが（子供たちから）『なんで国葬なの？』と聞かれた時に答えようがないではないですか。『安倍さんは立派な人だったのよ』とかいう話になってしまう。それは非常に危ない。（集会スピーチで赤木俊夫氏のことも触れたことについて）それはどちらを悼むかと言ったら、赤木さんの方を悼みますよ」（前川氏）。

長年にわたって自民党は旧統一教会からの選挙支援（信者の無償労働提供）を受ける一方、霊感商法や高額献金を野放しにし、日本の国富が韓国の〝アベ友教団〟に流出する片棒を担いできた。このズブズブの関係の元締め的存在が教団票を差配してきた安倍氏であり、村上元大臣が「国賊」と一刀両断にしても違和感を抱かないのだ。

それなのに岸田政権（首相）は安倍元首相の調査を拒み続けている。十月十九日の参院予算委員会で調査を求められても、「最後は心の問題。本人が亡くなられている。反論も抗弁もできない。十分に調査することは難しい」と拒否したのだ。

韓国教団への国富流出の片棒を担いだ安倍元首相の徹底調査もせずに、日本国民の血税を投入した葬儀で追悼することに対して、反対の声が上がるのはごく自然な国民感情の現れに違いないのだ。安倍元首相の死を悼むのであれば、まずは自民党と旧統一教会の関係を徹底調査し、解散命令請求や新規立法によって高額献金根絶（韓国教団への国富流出阻止）を断行することが不可欠なのだ。

しかし銃撃事件から三カ月以上経っても岸田政権（首相）は「カルト規制の新法を年内に成立させる」といった決意表明をしていなかった。「保守層からの支持を得るために安倍元首相を称える国葬を優先、長期政権化を目指す」という自己保身的発想しか見て取れなかったのだ。

第7章　家庭内野党昭恵夫人

防潮堤見直しをした宮城県気仙沼市大島でのイベントでフラダンスを踊る安倍昭恵夫人。

1 〝仮面夫婦〟の実像――家庭内野党として防潮堤反対

銃撃事件直後の追悼番組には、昭恵夫人が手をつないでタラップから降りる映像が何回も流れた。国葬でも約八分間の映像の中で似たような場面を目にした。当然、「仲睦まじい〝円満夫婦〟」「非業の死をとげた偉大な政治家を支え続けた妻」という印象を受けるが、私の目には「虚像」「仮面夫婦」にしか映らなかったのだ。

二〇一五年八月下旬、安倍昭恵・首相夫人が東京・南青山のバーで深夜、ミュージシャンの布袋寅泰さんの首筋にキスしていたと報じられた。この記事を目にした時、泥酔したくなる気持ちは良く分かった。家庭内野党として昭恵夫人はエネルギー政策や被災地の防潮堤問題で安倍首相（当時）に異議申立をしたのに右から左へと聞き流されていたのを知っていたからだ。防潮堤反対派の若い男性と気仙沼の飲み屋でハグしている写真を見たこともあったが、夫に進言しても聞き流されたことから大人世代に失望する一方、若い世代に期待しながら飲んだくれてもいたという昭恵夫人の「実像」が脳裏に焼き付いていたのだ――。

二〇一五年三月十五日、仙台で開催された「国連防災世界会議」に参加した昭恵夫人は、二日目の若者関連のシンポジウムでは、次のように切り出していた。

「自分たちにとってどんな地域がいいのか。どんな生活が幸せなのか。どんな未来を作って行きた

国連防災世界会議で若い世代の防潮堤見直しの発表に耳を傾ける安倍昭恵夫人。

いのか。この震災を通して考えていただきたいと思います。大人の私たちはいろいろなしがらみの中で、本質的なことに目を向けられない人たちも沢山います。そういう大人の人たちの目を開き、心を開くのは、やはり皆様（若者）の力だと思いますので、どうか、これからも日本がいい国になるようにお力をお貸しいただきたい。そのために主人も頑張っていくと思います」

しかし名前が出た安倍首相（当時）は、昭恵夫人が訴え続けてきた防潮堤見直しに本腰を入れる兆しは全くなかった。防潮堤建設で儲かる予定地の地主や建設業者の都合がいい方向に進むのを黙認していたともいえるのだ。昭恵夫人が問題視してきた気仙沼市小泉地区の巨大防潮堤（事業費二三〇億円）は前年（二〇一四年）秋に着工が決定、まさに工事が始まろうとしていたのだ。夫への苛立ちと政治への絶望感が挨拶の中から滲み出ていたのはこのためだ。昭恵夫人はこう続けていった。

「子供たちは純粋な感性で、大人以上に本質的なことが分かっていると思いました。私も防潮堤問題にずっと関わってまいりました。主人にも何度か意見を言って、いろいろな話をしたり、報告をしてまいりましたけれども、一度決まってしまうと見直されない。非常に歯がゆい思いをしてきました」

昭恵夫人はこの時、追悼番組や国葬の政府制作動画が作り出すイメージからは想像しがたい批判的発言をしていた。夫を支える従順なファーストレディというよりも、家庭内野党としてアベ土建政治に異議申立（防潮堤見直し）をしていたのだ。しかし最高権力者だった夫にいくら訴えても、建設計画は見直しをされずに進んでいった。この絶望的な現実を目の当たりにしたことから昭恵夫人は夫を含めた中高年世代に失望、「若い世代に大人を変えて欲しい」と期待するようになったと見えたのだ。

昭恵夫人の話は続いた。

「これは誰が悪いということではなくて、制度の問題があるのかと思いますが、もう一度、みんなで（防潮堤問題を）考え直さないといけない問題だと思います。二万人もの方々が犠牲になられた東日本大震災ですが、無駄な犠牲にしてはならない。私たちがこの震災を通して、何か変わっていかなければいけない。そうした震災だったと思いますし、『子供たちの未来のために大人たちが何を残していかないといけないのか』『どういう地球を作っていかないといけないのか』と思いました。

なかなか大人には変えられないところがあるので、子供たちが声をあげて、おじいさんやおばあさんや大人の人たちに『自然、環境を残して下さい』ということを訴え続けてもらいたい。私も、分かる大人はサポートしていきたいと思っています」。

この時、私は「昭恵夫人の本音は『夫は頼りにならないから若者に期待』ということに違いない」と思った。実際、シンポジウム会場では気仙沼市小泉地区の防潮堤見直しを求める地元高校生がこう訴えていた。「子供たちが親しんだ干潟は無くなろうとしています。小泉地区には二百億円以上のお金をかけて、幅九〇メートル、高さ一四・七メートルの大きな防潮堤が建とうとしています。いま被災地では多くの場所で防潮堤が作られています。『海と生きる』と言っている気仙沼にも数多くの防潮堤が建設されています」。

昭恵夫人が夫に期待したのはこうした若者世代の訴えを政治に反映させることだったに違いないのだが、その思いが安倍元首相に届くことはなかった。景観破壊事業が被災地で進むのを放置したのだ。『美しい国へ』の著者・安倍晋三総裁（当時）が率いる自民党は、「国土強靭化」を合言葉に日本の美しい海岸線を巨大防潮堤で覆いつくす事業を止めようとしなかったのだ。

国葬の会場のスクリーンに、被災地支援キャンペーンソングの「花が咲く」を安倍元首相がピアノで演奏する政府制作動画が流れ始めた時、被災地に寄り添うどころか環境破壊事業の片棒を担いだ最高権力者の偽善者ぶり（ペテン師ぶり）の記憶が蘇ってきた。しかし国葬や県民葬で昭恵夫人は、アベ土建政治の実態や夫への失望感を語ることはなかった。岸田政権が国葬で安倍元首相の政権運営を功績だけで塗り固めようとするならば、消し去られようとする〝不都合な真実〟を再び詳しく指し示す必要があると私は強く思ったのだ。

昭恵夫人の家庭内野党として発信は、他にもあった。仙台での国連防災世界会議の一カ月前の二〇一五年二月二十二日、昭恵夫人は東京都内で開かれた映画上映会に参加した。自主上映されたのは、ダムを壊して川が蘇る現場を描いたアメリカ映画『ダムネーション』。防潮堤問題を考えるシンポも兼ねており、最後に東洋文化研究者のアレックス・カー氏が「アメリカでは『ダムの時代は終わった』のに、日本の海岸は防潮堤をはじめコンクリートだらけ。『防潮堤ネーション』のような映画を望む」と訴えた。すると、昭恵夫人も「美しい日本を取り戻すために力を尽くしたい」と挨拶。ハード中心の復興事業（アベ土建政治）への異議申し立てをしていった。カー氏は「ダムネーション」の映画について語った後、コンクリートまみれの日本とダム撤去に転換したアメリカを対比して次のように語った。

「前々から『ダムが自然に悪い影響を与える』と思い続けてきて、アメリカでけっこうダムを撤去する動きが強まってきて、すでに数百箇所撤去しているわけなのです。（映画を見て）自然に戻された喜びというものが伝わってきた」

「防潮堤もそうなのですけれども、日本の海岸はどこに行ってもテトラポットなどコンクリートだらけになっている。被災地に限らず、全国で山から川までコンクリートでピカピカに被われているわけです。その中での防潮堤問題。先進国では考えられない動きなのです。アメリカでは巨大ダムは基本的に作れない。それに対して日本はダムや防潮堤の建設が進められている。非常に残念なことです。他のやり方がたくさんある。一つ望むことは『防潮堤ネーション』（の映画制作）ですね。企業の協力を得ながら、クラウドファンディングもいいですね。一流のカメラマンをつけて『ダムネーション』のようなビジュアルな映画をつくる。そういう映画が出来れば、国民の意識が変わるかも知れません。『防潮堤を知らない』という問題にぶつかっているわけですから、『防潮堤ネーション』が完成することを望んでいます」

何と皮肉なことだろうか。安倍首相（当時）は所信表明演説にカー氏の文言を引用していたが、その当人にダメ出しをされたのだ。日本の自然破壊を憂うカー氏の言葉をつまみ食いしたのはいいが、当時の安倍政権は「国土強靭化」を旗印に土建政治（地主と建設業者のための〝日本コンクリート漬け計画〟）を続けていた。所信表明演説と現実との埋めがたいギャップが露呈したともいえるのだ。

この問題提起を受けて昭恵夫人もマイクを握り、日本の政治への危機感を露わにした。

「私は一年半前に防潮堤のことを知ることになり、それ以降、いろいろな取り組みをして参りました。私は講演を頼まれることが多いので、その時に防潮堤のことを話しています。もちろん主人にも日々話をしています。それなのに、この問題が一向に大きく取り上げられることもなく、動くこともなく、一年半が過ぎてしまいました。少々、『この国はどうなっているのかな』と思っているところです」

2　原発再稼働――昭恵夫人を泥酔させた聞く耳持たずの安倍首相

昭恵夫人を失望させたのはアベ土建政治（防潮堤建設問題）だけではない。エネルギー政策においても原発推進から再生可能エネルギーへのシフトについて夫を説得すると意気込んでいたのに、安倍元首相は聞く耳を持たなかったのだ。そして原子力ムラ内閣とも呼ばれた第二次安倍政権の原発推進政策は、菅政権から岸田政権へと引き継がれて今に至っているのだ。

昭恵夫人の泥酔キス事件の記事を見ても驚くどころか同情をしたのは、「女性活躍」を掲げながら最も身近な妻の訴えを政策に反映させようとしなかった安倍元首相の言行不一致ぶりを目の当たりにしていたからなのだ。

昭恵夫人と初めて会ったのは、安倍元首相の再登板が四カ月後に迫った二〇一二年夏のことだった——。

「今回の山口県知事選（二〇一二年七月二十九日投開票）では闘うことになりましたが、今後は、飯田（哲也）さんと自民党のパイプ役をやっていきたいと思います。別に、これと言った役職に就いているわけではありませんが（笑）」

昭恵夫人がこう意気込んだのは、夫の晋三氏が自民党総裁選で競り勝って次期首相となることがほぼ確定した二〇一二年九月の前月（八月十六日）。中国電力「上関原発」の建設予定地の対岸にある「祝島」（山口県上関町）に、「環境エネルギー政策研究所」の飯田哲也所長と一緒に渡った時のことだ。

「この日は四年に一回開かれる神事・神舞の初日で、千年の伝統を持つ神事『神舞』をぜひ見たかったので来ました。さすがに主人は『行って来い』と快くは送り出してくれませんでしたけど」（昭恵夫人）。

飯田氏は特に福島原発事故が起きた三・一一以降、エネルギー問題の論客としてメディアに頻繁に登場、再生可能エネルギーへのシフトを提唱する〝脱原発の旗手〟だ。二〇一二年には橋下徹・大阪

脱原発の旗手「環境エネルギー政策研究所」の飯田哲也所長と上関原発反対派が多数の祝島を訪ねた安倍昭恵夫人。

市長（「日本維新の会」創始者）のブレーンとして関西電力・大飯原発の再稼働阻止に動いたことでも知られ、しかも安倍元首相が陣頭指揮を取った山口県知事選に出馬、自公推薦の山本繁太郎候補（前・山口県知事。二〇一四年三月十五日死去）と実質的な一騎打ちを終えたばかりでもあった。

〝脱原発〟の急先鋒である飯田氏と長年にわたって原発推進をしてきた自民党の「パイプ役をやっていきたい」という昭恵夫人。ここで「自民党」というのは具体的には、自公推薦で当選した山本知事と自民党大物国会議員である夫の晋三氏を指すのは言うまでもない。

熾烈な選挙戦を闘った敵味方同士のはずの飯田氏と一緒に、しかも夫の快諾なしで原発反対運動の総本山のような祝島を訪問した昭恵夫人からは、こんな明解な発言も飛び出した。「これだけの大事故が起こり、安全神話が崩れたわけですから、脱原発を進めるべきなんです!」。

十一日後の二〇一二年八月二十七日、『週刊現代』(九月八日号)に「小沢一郎夫人に続き、今度は安倍晋三の妻が反乱? 安倍昭恵『脱原発で夫を説得します』」と銘打った四ページの記事が出た。夫への政策提言ともいえるこの記事は、祝島での飯田氏とのアポなし対談をその場で快諾、エネルギー政策に関する大胆な発言を連発した昭恵夫人の大らかさの産物以外の何物でもなかった。

3 安倍首相誕生と山本知事の方針転換

翌二〇一二年九月、自民党総裁選で安倍晋三氏は下馬評の高かった石原伸晃環境大臣や石破茂幹事長に競り勝った。橋下徹市長率いる「維新の会」との連立を示唆して〝橋下人気〟を取り込み、運良く竹島や尖閣の領土問題をめぐる対立激化が追い風となった逆転勝利。支持率低迷で民主党政権の下野が確実であったため、解散・総選挙後の次期首相に返り咲くことが約束された瞬間でもあった。

三カ月後の二〇一二年十二月二十六日、自ら陣頭指揮を取った総選挙で圧勝したのを受け、安倍晋三氏は第九六代内閣総理大臣に就任。昭恵夫人も再びファーストレディになった。

すぐに地元・山口にも安倍政権誕生の影響は押し寄せた。首相が選対幹部を務めた山口県知事選で当選した山本繁太郎知事(当時)は、県議会や報道関係者に「安倍総理の足下《そっか》の県として」と繰り返し強調。まるで安倍首相に〝下僕〟のように仕えるという印象を与えたが、案の定、民主党政権が掲げた「原発ゼロ方針」を撤回した安倍政権と足並みを揃えるような方針転換に山本知事は踏み切ったのだ。

二〇一二年七月の県知事選で山本知事（当時）は「脱原発は当たり前」「（上関原発建設に必要な）公有水面埋立免許は失効させる」と明言、県知事選を争った飯田氏の主張を丸のみする〝抱きつき戦術〟に出た。公有水面埋立免許の延長を認めない考えを表明した前任の二井関成知事の方針を踏襲する立場で、そして中部電力が免許延長を申請した二〇一二年十月五日にも「不許可処分をすることになる」と言い切っていた。

しかし同月下旬から県は延長申請の補足説明を何度も中部電力に求めた結果、免許失効が先送りされる状態が延々と続くことになり、遂に翌二〇一三年の三月四日、山本知事は県議会で一年間の先送りを表明した。丸のみした飯田氏と同じ主張を翻し、実質的な公約違反に等しい方針変更だった。「パイプ役になる」という昭恵夫人の意気込みとは裏腹に、安倍首相（当時）は「原発ゼロ」の目標取下げから着手しており、足並みを揃えるように山本知事も上関原発中止とは反対方向に突き進み始めたのだ。

二〇一三年四月二十六日に県庁を訪れて会見にも応じた飯田氏に聞いてみた。

――県民の大多数の総意としては「上関（原発建設）反対、脱原発」なのですが、昭恵夫人が祝島に行かれて「自民党とのパイプ役になりたい」「飯田さんに投票をした民意を自民党に伝える」

と言っていましたが、今の状況を見ると、安倍総理は夫人の意見にほとんど耳を傾けていないのではないか。

飯田氏　そのことについて（昭恵夫人から）コメントはないのですが、もう少し時間が経てば、昭恵夫人もつなぎ役というか、存在感を出されるのではないか、と間接的にはみています。

安倍首相（当時）と昭恵夫人の間には、原発政策において埋めがたいギャップがあることが浮き彫りになった瞬間だった。二人が外遊で飛行機のタラップから手を握って降りてくる場面は、国葬の政府制作映像や追悼番組を含めてメディアでよく見るが、仲睦まじい夫婦というイメージを与える外面とは裏腹に、実際は夫人の訴えを聞き流す夫という〝偽装円満夫婦〟のように見えたのだ。

皮肉なことに安倍元首相は、首相に返り咲く直前の二〇一二年七月の山口県知事選の応援演説で「政治家は基本的に夫婦仲が良くないといけません。高村先生のところしかり、私のところもそうであります。民主党を最近離党したおじさん（小沢一郎氏）は問題があるということであります。それでは政治が出来ないということを申し上げておきたい」と誇らしげに語っていたが、嘘八百にしか聞こえなかったのだ。

第二次安倍政権誕生の前から安倍夫妻に注目してきたのは他でもない。日本の政治状況（特に原発政策をめぐる政権と世論の乖離）が安倍元首相と昭恵夫人の関係とよく似ていたからだ。昭恵夫人と同じように国民の過半数以上が脱原発を望んでいたのに、〝原子力ムラ内閣〟と呼ぶのがぴったりの安倍政権（二〇一二年十二月〜二〇一九年九月）はこうした声を聞き流し、原発推進に先祖返りしていったからだ。

官邸の布陣を見ても明らかだった。大飯原発再稼働の際、嘉田由紀子・滋賀県知事（当時）らを脅した原子力ムラの代表選手のような今井尚哉経産省資源エネルギー庁次長を首相秘書官として抱え、最側近とした。将来のエネルギー政策を議論する審議会から排除された飯田氏はこう断言した。「今井次長らを側近に抜擢した安倍政権は〝原子力ムラ内閣〟と呼ぶのがぴったりです」。

しかし第二次安倍政権が誕生する前は、昭恵夫人は本気で夫を説得しようとしていた。祝島訪問もその一環ともいえる行動でもあった。実は、昭恵夫人が上関原発に反対する島民が九割の祝島を飯田氏と訪問するのは、山口県知事選の直後の二〇一二年八月が初めてではなかった。一回目の訪問は、3・11から三カ月後の二〇一一年六月。デンマークの小さな島「サムソ島」で再生可能エネルギー一〇〇％を実現した立役者のゾーレン・ハーマセン氏が来日、飯田氏の案内で祝島を訪問して講演会を開くことになった時のことだ。

フェイスブックのリンクで飯田氏が山口県出身であることを知った昭恵夫人は、飯田氏の講演会に参加して、「全エネルギーを再生可能（自然）エネルギーで自給する」という祝島のプロジェクトに共感。その矢先、その元祖ともいえるハーマセン氏の祝島訪問を知り、飯田氏に頼んで同行することになったのだ。

デンマークでの成功体験を話したハマーセン氏に対し、「祝島でも再生可能エネルギーを一〇〇％に出来ますか」という質問が参加者から出たが、「諦めなければ、絶対に出来る」と同氏は回答。スティーブ・ジョブスと同じようなことを話す前向きの姿勢に昭恵夫人も共感を覚えたという。

祝島は脱原発・再生可能エネルギーへのシフトの〝聖地〟であるだけでなく、安倍元首相の祖父、岸信介元首相の所縁の地でもあった。戦犯不起訴となり、公職追放された際に手漕ぎのボートで訪ね、港近くの「みさき旅館」に滞在していたのだ。そして講演が行われた公民館には、岸元首相や佐藤栄作元首相の書が並べて飾ってもあった。

ただし、かつては自民党支持者が大半だった祝島だが、上関原発建設計画が浮上してからは原発推進の自民党政権への反発が強くなり、支持を失っていった。そんな経緯をよく知る島民の中には「来にくかったろうに、よう来ちゃった」と言いながら手を握った人もいて、昭恵夫人は思わず涙したという。

また昭恵夫人は、この祝島訪問の直前、福島県いわき市や二本松市を訪問し、仮設住宅で暮らす福島第一原発至近の浪江町民の話にも心を痛めた。その時の思いをブログにこう綴っている。〈何が良いのか、何が安全なのか――。そして何より私達はこれからどんな生活をしていきたいのか――。私達にとって本当に幸せな生活とはどんなものなのか〉（二〇一一年六月十九日の「スマイルトーク」より）

昭恵夫人は原発被災地の住民の苦しみを直に聞き、そして三十年以上も反対運動を続ける祝島と運命的な出会いをした。こうした中で原発再稼働への疑問が膨らむ一方、再生可能エネルギーへの転換が不可欠と確信するようになった昭恵夫人は、「国民のために一日も早く脱原発を実現するべきだ」と確信したのではないか。

昭恵夫人は飯田氏に夫へのレクチャーを依頼した。そして祝島訪問の翌二〇一一年七月、飯田氏が議員会館を訪ね、安倍首相との面談が実現した。

〈理路整然と冷静で、具体的な世界のデータや事例を示す現実に即したお話に、主人もかなり納得した様子――。飯田さんと主人は、同じ山口県、神戸製鋼と共通することも多く、今後の展開が楽しみになりました〉(二〇一一年七月七日の「スマイルトーク」より)

ブログには安倍氏と飯田氏のツーショット写真が添付されていた。脱原発の旗手との連携がスタートしたことが発信されたのだ。飯田氏が山口県知事選に出馬表明をした際、昭恵夫人は「飯田氏に心酔」「飯田氏を応援か」などと報じられたのはこうした経緯の産物であった。

ただし両者は同じ神戸製鋼に勤めていたとはいえ、コネ入社の安倍首相と実力で入社した飯田氏という違いはあり、その後も正反対に近い道を歩んでいった。

安倍首相は同社退社後、父・晋太郎元外務大臣の秘書となり、祖父が岸信介元総理、父親が安倍晋太郎元外務大臣の「政界のサラブレッド」と持てはやされた。こうして、本人の実力とは無関係な世襲議員(血筋)の強みを活かし、世襲議員と官僚OBが大多数の永田町の出世街道を邁進、最高権力者にまで登り詰めていったのだ。

一方、山口県徳山市都濃町(現・周南市)生まれで京都大学と大学院で原子力工学を学んだ飯田氏は、神戸製鋼に就職して原発関連の仕事をしていたが、原子力ムラのいい加減さを目の当たりにして、思い悩んだ末に退職。その後、意を決して北欧に留学したところ、ちょうど再生可能エネルギーの普及・拡大する時期であったことが人生の転機となった。

帰国後、欧州のエネルギーシフトの原動力となった「固定価格買取制度」の導入を目指すが、経産省や電力業界の抵抗で阻まれた。十五年以上も前のことだが、それ以降、自ら名づけた「原子力ムラ」との闘いを続け、3・11以降は脱原発の旗手（論客）としてメディアの登場回数が急増することになった。

この対照的な二人が山口県知事選で対峙することになった。夫の晋三氏は、自公推薦の山本繁太郎候補（国交省OB）の選対幹部。もちろん昭恵夫人は、「元首相（当時）の選対幹部の妻」として山本候補を応援した。飯田氏と脱原発で意気投合しながらも、選挙では敵対する陣営に分かれて闘うことになったのだ。そして、お膝元の山口県知事選で支援した山本氏が敗れていたら「選挙に弱い安倍元首相」と見なされて再登板の道の閉ざされていた可能性は十分にあった。安倍元首相にとっては再登板をかけた天下分け目の決戦と位置づけられていたはずだったのだ。

そんな真夏の一騎打ちとなった山口県知事選から二週間半後の二〇一二年八月十六日、選挙戦では敵対していたはずの昭恵夫人と飯田氏が再び行動を共にし、脱原発の〝聖地〟ともいえる祝島を訪ねたのだ。

4　祝島での飯田氏との対談

昭恵夫人にとって三回目の訪問となった祝島は、伝統的な神舞神事の初日。島の玄関口の港周辺には、島民はもちろん観光客や帰省者などでごった返していた。そんな人だかりの中を二人が歩いていくと、五メートルぐらい進むごとに飯田氏が島民の知人に出会っては立ち止まる。そして「また頑張りましょう」「県知事選で足場が出来たので、（山口で）頑張って行きたいと思っています」「諦めるどころか、元気をもらいました」などといった立ち話をしていく。

実は、選挙期間中に飯田氏は祝島を訪れることをしなかった。「何回も祝島には行っていますし、選挙中に足を運ばなくてもここでの票は固いと思っていましたから」（飯田氏）。

飯田氏にとって今回の訪問は、県知事選中の不義理を埋め合わせることも兼ねていたようだ。そんな飯田氏の後を一歩引いて昭恵夫人がついていく。無理を承知でこんな提案をしてみた。

――新しい山口をどう作っていくかについて選挙後、（昭恵夫人と）対談をされたことはありますか。

飯田氏　まだしていません。（昭恵夫人に向かって）今度、対談をしましょうか。

――ここで語っていただくのはどうでしょうか。

飯田氏　ここで⁉

――山口県知事選が終わってノーサイドになったので、「新しい山口を作るためにどうすれば、いいのか」という熱い思いを語っていただけないでしょうか。再生可能エネルギー拡大の所縁の地・祝島ということでもありますし。

この時、二人の周辺は人の波でごった返し、太鼓の音も鳴り響いてはいた。それでも二人は無理な提案を拒むことなく、すぐに〝対談モード〟に切り替えてくれた。まず飯田氏が対談の口火を切った。

「今回、県知事選で山口中を回って、すごい宝がいっぱいあることを再発見というか、新発見をしました。山口県には京都大学に入学した十八歳までいたのですが、『本当に山口を知らないな』と思いました。この祝島もそうだし、『角島《つのしま》』（下関市）とか『油谷《ゆや》』（長門市）とか素晴らしい所がたくさんあります。こうした地域の資源を活用していきながら、自然エネルギーの拡大をきっかけに地域でお金を回していく。世界中で進んでいる『第四の革命』（再生可能エネルギー拡大による地域振興）を進めることで、この山口で経済的な豊かさを実現することができると思います」

これを受けて昭恵夫人は、この章の冒頭で紹介した意欲的な発言をした。

「今回の知事選では闘うことになりましたが、今後は、飯田さんと自民党のパイプ役を私はやっていきたいと思います。別に、これと言った役職についているわけではありませんが（笑）」

飯田氏　（昭恵さんとは）方向性が同じなので一緒にやっていけると思います。

――選挙戦のしこりを水に流してということですか。

昭恵夫人　私と飯田さんの間にはしこりは全くありません（笑）。

飯田氏　周辺にしこりがあっただけです（笑）。

昭恵夫人　県知事選だけでなく、市町村選でも選挙戦で闘うと、必ずしこりは残ります。でも、それを乗り越えることが大切だと思います。今回の県知事選で飯田さんは一八万票を取りました。山本さんは二五万票ですが、（投票率は四四％なので）有権者の半分にすら達していません。とすれば、一八万票の民意も受け入れ、飯田さんが訴えた脱原発や再生可能エネルギーの拡大も県政に反映させるべきだと思います。

飯田氏　山口県の原発政策は大きく変わりました（注・二〇一二年八月の対談時。四カ月後の第二次安倍政権誕生後に逆戻り）。県知事選で私が上関原発の中止や白紙撤回を訴えて、山本さんも凍結を言い出しました。これで、上関原発建設のための埋立は出来ないことになりました。

——脱原発については。

昭恵夫人　これだけの事故が起こり、安全神話が崩れたのですから、脱原発依存を進めるべきだと思います。

——官邸前デモと山口県知事選が脱原発依存や再稼働反対の民意の受け皿と言われました。

昭恵夫人　官邸前デモはゆるやかな集まりと言っても、デモは力を見せつけるものだと思います。やはり飯田さんのような敵をつくらないソフトなやり方で、地域に根を張りながら自然エネルギーを拡大する方が大事なのではないでしょうか。

山本氏と飯田氏との実質的な一騎打ちとなった山口県知事選には四候補が立候補したが、その中で昭恵夫人は、夫が応援した自公推薦の山本候補の街宣車に乗って遊説、「私は安倍元首相の妻です。今後の県知事選では山本繁太郎さんをお願いします」と訴えて回り、決起大会にも出席していたのだ。

——自民党関係者から「飯田さんを応援するのか」と聞かれたことはあったのですか。

昭恵夫人　直にはありませんでしたが、一部の報道（週刊誌や夕刊紙）で飯田氏の自然エネルギー拡大に共鳴していることや祝島に行ったことが出た後、山本陣営から「街宣車に乗って遊説をしてくれませんか」と言われました。一種の〝踏み絵〟を踏まされたということでしょう。

――とにかく一八万票の重みを、飯田さんの訴えを支持した民意を山本知事は受け止めるべきだと。

昭恵夫人　そうです。山本さんは能力も経験もある方なので、新しい山口のために飯田さんの訴えたことを受け入れられる方だと思います。選挙は勝った方はとかく、自分たちのやりたい放題できると思うことがありますが、負けた方の主張も取り入れていくことが大切です。いまはデフレ不況の深刻化や少子高齢化など非常に厳しい時代ですから、選挙戦の対立を引きずっている暇はないでしょう。

神舞が続いていた十六時すぎ、祝島を出発する準備を始めた昭恵夫人と飯田氏は最後に日韓関係についても語った。

昭恵夫人　新しい山口を作るのに大切なことは、「ここ山口ならでは」の政策を進めていくことだと思います。

――下関と釜山の間をフェリーが行き交うなど、山口と韓国の関係は深い。飯田さんは九月十九日から韓国を訪問、日中韓で「自然エネルギー協同体」を作ろうともしています。

昭恵夫人　「韓国に近い」というのも山口ならではのことですし、私も韓流ファンなので、日韓で友好的な関係を作っていくのには賛成です。

飯田氏　山口は韓国に近く、アジアに開かれた山口だからこそ出来ることがあります。八月下旬には韓国に行き、二〇一二年一月の「脱原発世界会議」に出席していただいたソウル市長に会う予定です。海外の要人との会談は、知事だと公式訪問となりますから知事でない方がやりやすいのです。

投開票翌日の二〇一二年七月三十日、音楽家の坂本龍一氏との対談で飯田氏は、山口と世界を直接結ぶ構想について明らかにした。第二次世界大戦後、フランスとドイツが二度と戦争を起こさないように「石炭協同体」を作ったが、そんな歴史を参考にしながら飯田氏は、「日中韓で『東アジア自然エネルギー協同体』のようなものを作りたいと考えている」と話したのだ。尖閣問題にしても根底にあるのはエネルギー問題であるため、「協同体構想は平和プロジェクトになる」（飯田氏）というのだ。

昭恵夫人は、山口県出身者から成る「長州の会」のメンバーでもあった。東京が活動拠点だが、祝島訪問からの四カ月後の二〇一一年十月十七日、「これからのエネルギー〜あなたはどう考えますか」と銘打った講演会を開催、飯田氏が講師を務めた。その時にスペシャルゲストとして下関出身のロンブー淳氏が登場、飯田氏との対談をしたこともあった。

この対談で飯田氏が、原発推進をしてきた電力会社の地域独占体制を「幕藩体制のようなもの。倒さないといけない。長州から幕藩体制を倒さないといけない」と例えると、ロンブー淳氏が「幕府と聞くと、倒さないといけないな」と答える場面もあった。

飯田氏と昭恵夫人とロンブー淳氏は、脱原発・再生可能エネルギー拡大・電力会社の地域独占打破で同じ立場といえそうだ。ちなみにロンブー淳氏は、国会議員になる前から脱原発を訴えていた山本太郎参院議員の親友だという。

第二次安倍政権が誕生する前年（二〇一一年）、脱原発依存・自然エネルギー拡大を目指す活動と関わっていた昭恵夫人が目指したのは、夫や山口県知事ら自民党関係者を巻き込んで、世界中で進行中の「第四の革命」（自然エネルギー拡大による地域振興）を日本でも起こすことに違いなかった。しかし最高権力者のポストに返り咲いた安倍元首相は、原発再稼働や原発輸出に邁進、昭恵夫人の仲介で議員会館でレクチャーを受けて意気投合したようにみえた飯田氏と再び会うこともなく、「夫を説得したい」と語った昭恵夫人の意気込みは空振りに終わった。こうして安倍政権の原発推進政策は菅政権から岸田政権へと継承され今に至っているのだ。

安倍元首相銃撃事件後、直後から流れ始めた追悼番組や国葬での政府政策動画で仲睦まじいと印象づける安倍夫妻の映像（虚像）を目にする機会が増えたが、そのたびごとに家庭内野党の訴えを聞き流した「仮面夫婦」「偽装円満夫婦」の実像とのギャップの大きさを改めて実感したのだ。そして、安倍政権時代の看板政策の一つとして紹介される「女性活躍」もまた見かけ倒しにすぎないと確信することにもなったのだ。

注　神舞《かんまい》神事は、祝島で千年以上前から続く伝統行事で、山口県指定無形民俗文化財。
今から千百十余年の昔、仁和二年八月、豊後伊美郷の人々が山城国石清水八幡宮より分霊を奉持して海路下向中、嵐に会い祝島三浦湾に漂着した。島民は一行を心からもてなした。その時に教わ

った荒神を祭り、農耕（麦作）を始めたことにより、以後、島民の生活は大きく向上。そのお礼にと、毎年八月に伊美別宮社に参拝をするようになり、四年毎に伊美別宮社から二十余名の神職、里楽師を迎え、本島を斎場として神恩感謝の合同祭事を行うようになった。これが神舞神事の起源だ。

神舞では三隻の神船を中心に櫂伝馬船等、百余隻に及ぶ大漁旗で飾った奉迎船が織りなす、勇壮な入船・出船の海上神事が行われ、古式豊かに三三種類の神楽舞が新調の苫で小屋掛けされた仮神殿で奉納される。

第8章　アベ友優遇政治という負の遺産の清算が課題

2013年の参院山口選挙区補選で元下関市長の江島潔参院議員（候補）を応援する安倍元首相。

1　安倍元首相と葛西ＪＲ東海名誉会長の負の遺産「リニア計画」

大親友の葛西敬之・ＪＲ東海名誉会長とリニア計画を推進した安倍元首相が亡くなった後も「晋三死すとも〝安倍友リニア〟は死せず」というような状況が続いている。〝安倍忖度政権〟こと岸田政権（首相）はリニアゴリ押しの姿勢を強め、異議申立を続ける川勝平太・静岡県知事が立ちはだかるという構図に変わりはないのだ。

ＪＲ東海と静岡県のバトルを大きく取り上げたのが「リニア新幹線夢か、悪夢か」と銘打った二〇一八年八月二十日の日経ビジネスの特集記事。「安倍『お友だち融資』三兆円　第三の森加計問題」「国鉄は二度死ぬ」という派手な見出しでリニア計画の闇を暴き、巨額債務によるＪＲ東海の破綻も予測。そんな記事の冒頭に登場したのが、ＪＲ東海への怒りを露わにする川勝知事だった。

この特集に触発されてネットのニュースサイト「静岡経済新聞」を立ち上げ、「なぜ、川勝知事は闘うのか？」と題する小冊子（二〇一九年十一月発行）も出したのが、静岡旅行記者協会の編集長兼記者の小林一哉氏だ。この中で日経ビジネスの記事の主要部分を引用しつつ、トンネル工事による大井川の水量低下を問題視する川勝知事にも取材。「（大井川流域の）県民六二万人の命がかかっている」という訴えを紹介したのだ。

この当時から、川勝知事の戦闘力（論争力）は抜群だった。「静岡県のせいで二〇二七年の名古屋

リニア中央新幹線の南アルプストンネルルートの現地視察をする川勝平太・静岡県知事。隣のJR東海の宇野護副社長に葛西敬之名誉会長の〝見切り発車〟に遺憾表明。

開業が遅れる」という〝静岡悪者論〟に対しては、大井川の水問題や南アルプスの環境保全などの課題が未解決と強調、計画自体の杜撰さが遅れの原因であると反論。最近（二〇二二年九月）でも神奈川リニア新駅（橋本駅）近くに建設予定の車両基地が工期十一年間なのに工事未着手であることを知って、「二〇二七年名古屋開業遅れは神奈川県のせいだ」と批判、黒岩祐治知事と論争状態にもなった。

その根底にあるのは、国民的議論が不十分なままＪＲ東海がゴリ押しするリニア計画への不信感（疑問）に違いない。二〇二〇年六月二十六日にＪＲ東海の金子慎社長と面談した後の囲み取材では、「コロナ禍でリニアが成り立つのかどうか採算が取れるのか、国民の理解が必要だと考えているのか」との質問に、川勝知事はこう答えた。

「コロナで新幹線の利用者が激減。コロナ

時代にリニアが必要かは識者の中でも『本当に必要かどうか見直せ』と疑問を呈されている」「安倍総理（当時）も会見で『オンラインを思い切り推進するのだ』と言っている。家に居ながら仕事ができるのでコロナ以前の『速く、効率的に』が成り立つのかどうか。（リニアが必要とする）もの凄い電力量は必ずしも環境の二一世紀に相応しいものなのか。原発の電力で動かすビジネスモデルが成り立たなくなる。どうするのかと考える時期ではないか。膨大なお金と人力を投入して作った成果が日本のためになるのかどうか、が問われている」

先の日経ビジネスの記事も「なぜ、リニアが必要なのか」で締め括っていたが、川勝知事も同じような根源的な疑問呈示をしていたのだ。

二〇二〇年七月二十一日の大井川上流の現地視察では、南アルプスの環境保全問題に斬り込んだ。現地での囲み取材でこんな警告を発したのだ。

「（国交省の第四回有識者会議の資料に）驚いたことに工事をする時に、（南アルプス国立公園内の）地下の水位が三〇〇メートル以上上下がるところが出てくる」「『（南アルプス）ユネスコエコパークの資源に影響を与えない』という環境大臣の意見がありました。三〇〇メートルも（地下水）水位が下がれば、生態系に大きな影響を与える。だから、それだけで『この工事はダメ』という方向性を出すこともできるでしょう」（川勝知事）。

断層帯が走り脆弱地盤もある南アルプスにトンネルを通すリニア計画への疑問を川勝知事がむき出しにしたのは、この時だけではなかった。二〇二二年八月八日に大井川上流の田代ダムなどを視察した際には、同行した宇野護副社長に向かって「葛西敬之会長の見切り発車ではなかったのか」と歩きながら問いかけた。

「（難工事だった東海北陸自動車道の）飛騨トンネルが抜けたでしょう。あれを見て（南アルプスでもトンネルを）掘れると葛西さんが最終的に判断したと。（飛騨トンネル開通の）二〇〇八年に急に南アルプストンネルルートが浮上、二〇〇九年に葛西さんが決断をして二〇一一年にルートが決まった。これを見ていくと、調査不足が決断の過程であったのかなと。本当に残念です」

これに宇野副社長は「いろいろな専門の先生方には意見を伺いながらやったのですが」と釈明したが、それでも川勝知事はこう突っ込んだ。「トンネルは掘れるけど、飛騨は田舎だから。こちら（流域住民が六〇万人以上の大井川）はいわゆる命の水だから。自然の条件も厳しいし」。

ＪＲ東海に対して「もう一度、白紙状態から考え直して来い！」と言わんばかりの挑発的発言が飛び出したのは、二〇二二年九月二十二日の定例会見。神奈川新駅の視察から半月後のことだが、県政記者クラブの幹事社が「最近、リニア建設促進の期成同盟が想定していない甲府・神奈川間の部分開業を主張している」と聞かれると、川勝知事は待っていましたとばかりに関連資料を順次スクリーンに映し出しつつ、部分開業論の根拠を丁寧に説明、リニア計画が破綻している実態を明らかにしていったのだ。

まず川勝知事は神奈川新駅の車両基地の工程表を「ＪＲ東海が公表し国に提出した資料」と紹介した上で、二〇二七年の名古屋開業の遅れは必至で、十一年後の二〇三三年開業にずれ込むと説明した。「（車両基地の）用地が買収された後、造成工事、護岸工事、外部設置工、建屋の建造、それから電気機械設備と。これが十一年目と書いてある。従って（土地収用後の工事開始から）十一年かかるということです」

二〇二七年予定の名古屋開業が二〇三三年になれば、六年もの間、リニアによる収入がないまま巨額の投資を続けることになる。金の成る木に育つ前の金食い虫状態が長引き、JR東海にとって想定以上の重荷となって経営を圧迫するともいえる。

続いて「長期債務残高の水準」を示して読み上げたが、これもJR東海作成の資料であった。

「当社は、東海道新幹線を主力とする生産性の高い企業体質とはいえ、長期債務残高を一定の範囲内に抑えて健全経営を堅持するための財政規律を保つ必要があり、次の指標及び過去の経験から、長期債務残高を『五兆円以内』とすることが適切かつ必要と考えている。

仮に、長期債務残高六兆円を想定すると、ピークの年には、新規・借り換えを合わせて一年間で一兆円を超える調達が必要になる。こうした多額の調達は現実には極めて厳しい」

JR東海自身が決めた「適切かつ必要な長期債務残高（五兆円）」を明示した上で川勝知事は「これがどうなったのか」と現実の数字を示した。

「総工事費が（当初予定の五・五兆円を）上回って七兆円になる結果、二〇二八年に長期債務残高が六兆円になると出しているわけです」

川勝知事提示の「長期債務の推移（グラフ）」と、先の日経ビジネスにある「JR東海の長期債務」のグラフを並べると、事態がより深刻になったことが分かる。特集記事のグラフには「リニア工事が本格化し、借金が跳ね上がった」という説明があり、二〇一八年の長期債務が四兆八五六二億円であることが示されていたが、川勝知事提示のグラフでは一兆円以上増えて六兆円となり、適正水準を一兆円も超えると予測されてもいた。「資金調達が極めて困難」という事態に陥り、国からの公的支援（税金投入）が不可避という近未来図が示されてもいたのだ。

日経ビジネスが予想したＪＲ東海破綻の恐れ（国鉄の債務処理で見た「悪夢」の再来）が四年前よりも現実味を帯びていたともいえる。

そしてリニア建設推進期成同盟会の副会長でもある川勝知事は「最終的に国交省がどう思うのかを考える必要がある」と指摘、「このビジネスモデルがいま崩壊に近い状態になっていることを期成同盟会の共通認識にする」とも強調していたのだ。

川勝知事は自らをリニア推進派と呼んでいる通り、現行の南アルプストンネルルート計画には水問題や環境保全などの観点から了承はしていないが、二〇二二年十一月二日に実験線に試乗して絶賛するなどリニアの技術自体は高く評価している。

「『品川〜名古屋間の開業』が困難となっている今、いかにリニアの最先端技術を継承するのか」という問いへの川勝知事自身が出した回答（代替案）が「甲府〜橋本間の部分開業」であったのだ。

そして川勝知事は「（部分開業は）ＪＲ東海が決めること」と断りながらも「従って（品川－名古屋間開業の）ビジネスモデルをもう一度出し直す必要がある。この事実（長期債務残高の適正水準一兆円超過）がそれを突き付けられているわけです。その事実を突き付けられているのは、（リニア計画を）認可された国です」という問題提起したのだ。

ＪＲ東海の破綻リスクを増大させる要因は他にもある。川勝知事が指摘したようにコロナ禍で新幹線の乗客が激減、リモートワークの普及でコロナ前の水準に戻ることが困難視されていることだ。

しかも、各地での開業遅れのリスクも加わる。神奈川の車両基地建設では最大六年も工事完了遅れが懸念され（ＪＲ東海は工期短縮可能と主張）、品川駅が起点のトンネル工事もシールドマシンの故障で停止し、ここでも大幅な工事遅れが確実。静岡県内の残土置き場予定地も、歴史的に見て土砂災害の危険性が高い地域と川勝知事が一蹴した結果、ＪＲ東海は代替地探しを迫られている。

長期債務残高の増大と開業遅れ確実などの誤算続きでリニア計画はすでに崩壊、公的資金（血税投入）抜きには完成に至らない金食い虫へと変貌したのは間違いない。権力の絶頂を極めた安倍元首相と葛西会長が肥大化させた怪物が、巨額の血税をむさぼり始めたともいえる。夢が悪夢と化した現実を直視、一刻も早く中止、負の遺産の清算をすることが緊急政治課題になったのだ。

そんな「亡国的プロジェクト」の推進派であるトンネル技術者（専門家）や国会議員の中に、旧統一教会が献金集めのネタとした「日韓トンネル」の関係者がいた。国鉄出身の野沢太三・元参議院議員は、都市部でのリニアトンネル工事を可能とした大深度法の生みの親でリニア推進にも尽力する一方、「日韓トンネル研究会」に入会、参与や常任顧問を経て二〇〇六年に会長に就任した。ＪＲ東海の「トンネル施工検討委員会シールドトンネル部会」部会長を務める小山幸則・立命館大学総合科学技術研究機構上席研究員も「日韓トンネル研究会」の理事。リニアと日韓トンネルの関係者は重なり合うのだ。

旧統一教会票を差配するなどズブズブの関係が明らかになった安倍元首相がリニアを推進し、教団の献金集めのネタとなった日韓トンネルの関係者もリニア推進派だった。この共通点は、反社会的カルト団体を利すること（韓国教団への日本の国富流出）を気にしない節操なき人達が、国民の血税を食い物にするリニア推進の旗振り役でもあったことを意味する。旧統一教会との断絶もリニア中止も、いずれも国益にかなう緊急課題であることは偶然とは言い難いのだ。

●注1　JR東海の宇野副社長会見（二〇二二年十月七日の環境保全審議会後）：車両基地の工期について質問

――この環境保全の審議会のスケジュール感、日程に関係すると思うのでお聞きするのですが、JR東海は二〇二七年開業と仰っているのですが、川勝知事は神奈川の車両基地が（工期）十一年かかると。そうすると、二〇三三年だと。主張が食い違っていてJR東海の社長は「工期が半減できる」と仰っているが、これは具体的な資料・文書はあるのでしょうか。十一年が五年、半分で出来るという文書もなしに単なる希望的観測を述べられているのかどうか。これは、（環境保全審議会の）議論の終わりの目安にもなるので、ぜひ具体的にお伺いしたいのですが。

JR東海宇野副社長　まず二〇二七年にできるのかということについて言うと、すでに二年前の二〇二〇年六月の時点で、JR東海の社長が川勝知事のところにお伺いしまして「いま（南アルプスのトンネル）工事に着手させていただければ、何とか二〇二七年に間に合わせることは出来るかもしれない」という言い回しをさせていただきました。その時点で（トンネル工事に）着手していくことになりませんでしたので、それ以降、すでに二年以上経過しているわけですから「静岡工区が二〇二七年までに出来る」というのは少し難しいということを申し上げています。

「その他の工区がどうなるのか」という話もいただくのですが、その他のところはできるだけ着実に工事を進めるということでやっておりますので、今の時点でいろいろな箇所がありますけれども、「何をやっても二〇二七年には届かない」ということではなくて、この間の車両基地の話もありますが、やり方を考えれば達成可能な数字だとは思っています。それ以上のものではありません。

――川勝知事は「神奈川の車両基地について（工期が）十一年かかるから二〇三三年でしょう」と言ったのに対して金子社長は「二〇二七年までに間に合う」と反論しているが、具体的根拠はあるのですか。全体の他の一般論を聞いているのではなくて、神奈川車両基地について工期が半分になる具体的な根拠、工程図があるのですかと聞いているのです。

すぐに副社長が答えようとしなかったので、さらに再質問をした。

――（環境保全の）有識者会議の（議論の）期限に関する質問なので。答えて下さいよ。社長の希望的観測だけを触れ回っているのですか。静岡工区だけではなく神奈川も工事を遅らせる原因になっているのかを聞いている。

ＪＲ東海宇野副社長　十一年というのはアセスの段階で出た数字なので、それをいろいろなやり方で圧縮することは可能だと思います。それだけです。

――思っているだけで、検討はされていないのですか。文書はあるのですが。工期が半分になる（司会者が質疑応答打ち切り）。

●注２　田代ダムなどの視察後のＪＲ東海の宇野副社長の会見

――川勝知事との歩きながらの話が聞こえたのですが、「（元ＪＲ東海会長の）葛西さんは飛騨トンネルが掘れたことが南アルプストンネルルートができると感じたと。だけれども、その時に環境影響調査が不十分だった」ということを（川勝知事は）仰っていたのですが、この発言の受け止めと、やはり田代ダムの案が出てもトンネルを掘って水量が減るとかいろいろ問題山積なわけですから、改めてルートが不適切で見直すという考えはないのでしょうか。川勝知事との今日の話を受けて。

宇野副社長　知事とはいろいろな話を歩きながらしました。

――ちゃんと聞こえたので受け止めをお願いします。

宇野副社長　飛騨トンネルの話はきっかけになったのではないかと思っておりますということを仰っていまして、それはそれで、特に。

――その時に、調査が不十分だったとも（川勝知事は）仰いましたよね。

宇野副社長　それはまた違ってですね。それについて私どもは、飛騨トンネルを一つの参考にしておりますが、トンネル関係の沢山の有識者の方々からもいろいろなご意見を聞きながらやってきたのですと。「トンネルは実現性があると判断をしております」ということはお話をして、そのへんをご理解されたのは。

――川勝知事は環境調査が不十分だったと。（環境問題の専門家の）意見が無視されたということを強調されていたではないですか。地理的、自然環境を含めて。こんな山奥で交通が不便なところで工事をすることを含めて不適切ではないかと。そういう結論に至っても不思議ではないのに、飛騨トンネルを元に決めてしまったと。見切り発車をしたという主旨の話をされていましたが。

宇野副社長　「飛騨トンネルとは条件が違いますよね」ということは仰っていましたが、それは当初から私共も織り込み済の話だったと。ですので、不十分であったというふうには考えていないことになります。

2　アベ友優遇政治の原点「アベ王国山口」に旧統一教会関係の政治家多数

旧統一教会問題は、安倍元首相の地元・下関にも飛び火していた。安倍氏の秘書から市議を経て二〇一七年に初当選した前田晋太郎・下関市長が二〇二二年八月十五日、旧統一教会の会合に二回（二〇一九年十二月と二〇二一年一月）出席したことを定例会見で明らかにした。同じく安倍派下関市長だった江島潔参院議員も二〇一八年七月、旧統一教会主催のイベントに山際大志郎・経済再生担当大臣と出席。二人で並んで韓鶴子総裁の方を見つめる写真が教団のホームページに掲載されていたため（後に削除）、一斉に報じられることになったのだ。

山際大臣が辞任した翌十月二十五日、韓鶴子総裁参加の二〇一八年七月のイベントで山際氏の隣にいた江島議員が政策協定に署名していたことが判明した。同日のテレビ朝日「報道ステーション」が「政策をめぐる合意文書（政策協定）に署名していた議員が新たに明らかになった」と切り出して、「江島氏が合意文書に署名したことを認めました」と紹介したのだ。

旧統一教会問題でメディア露出度上昇中の江島氏は、四期十四年にわたって安倍派下関市長を務めた前歴があるが、江島市政時代（一九九五年～二〇〇九年）、市の大型公共事業を安倍元首相がかつて勤務していた神戸製鋼が連続して受注、官製談合疑惑も浮上して裁判にもなった。

こうした安倍関連企業優遇に対する反発から支持者離れを招いた江島氏は五選出馬を断念したが、

安倍元首相が支援した前田晋太郎・下関市長も旧統一教会との関係が発覚。

第二次安倍政権誕生翌年の二〇一三年四月の参院山口選挙区補選に出馬、安倍氏の支援も受けて初当選をした。不評で市長ポストを追われた形の江島氏が再び公職に返り咲くことができたのはなぜか。〝安倍癒着市政〟の記憶が焼き付いた下関市民からは「江島市長時代に安倍首相（当時）がお世話になった見返りではないか」という疑念の声が上がった。

下関では、安倍氏と林芳正・外務大臣（山口三区の衆院議員）が父親の代からライバル関係にあり、下関市長選は長年にわたって両者の代理戦争のような様相を呈し、市長ポスト争奪戦を繰り返してきた。

江島潔市長　（一九九五年～二〇〇九年）　安倍派
中尾昭友市長（二〇〇九年～二〇一七年）林派
前田晋太郎市長（二〇一七年～）　安倍派

ポスト江島を争った二〇〇九年の市長選では林派の中尾市長が誕生したが、八年後の二〇一七年、安倍氏の元秘書から市議となった前田市長が安倍夫妻の全面的支援を受けて初当選した。安倍派が市長ポストの奪還に成功したのだが、この前田市長にも先に述べた通り、旧統一教会との関係が発覚した。

「選挙で安倍元首相の支援を受けた国会議員や首長には、旧統一教会との関係を有する人が少なくない」という傾向が見て取れるではないか。親分の安倍元首相が教団票差配をするほどの元締め的存在だったのだから当然、子分（チルドレン）が旧統一教会とズブズブの関係であっても全く不思議ではない。「教団票を差配してもらったので関連集会への参加を断れなかったのではないか」と疑いたくもなるのだ。

この前田市長の後押しで二〇一九年六月に下関市立大学（一九五六年創立）の教授として採用され、副学長を経て二〇二二年四月に学長となった韓昌完氏にも旧統一教会と関係があるのではないかという疑問が呈示されていた。市内の報道関係者らに匿名の内部告発文が送られ、二〇二二年十月十五日には「（社）日本地方新聞協会加盟の「市政ジャーナル」（下関市長府土居ノ内町）が疑問を投げかける次のような記事を出したのだ。

「二〇二〇年一〇月二〇日の神統一世界安着の為の指導者就任式（世界平和統一家庭連合News Onlineホームページ参照）での会場で、ZOOMハイビジョンにおいて韓氏も参加していた。韓学長は世界平和統一家庭連合（旧統一教会）幹部なのか？」

韓学長は「（記事内容の）事実は無い」と関係を否定。記事が出た二日後の十月十七日には下関市議会出資法人特別委員会でも、江原満寿男市議（共産）の同主旨の質問に対して、韓学長が事実無根と回答、虚偽告訴罪での刑事告訴を検討しているとも述べたのだ。

――統一教会との関係があるのかないのか。会に入っていたのか。集会に参加していたのか。そういうことがあったのかどうか。

韓学長（副理事長）　韓国では統一教会は異端とされています。私は韓国でキリスト教徒として教会に通っていました。統一教会は、私は根から嫌っています。虚偽告訴罪に当たりますので、これはいま私は証拠を収集していまして刑事告訴をするつもりです。統一教会と私を結びつける斬新なアイデアをどこで持ってきたのかは私は分かりません。私の全ての経歴と生き方を全部調べていただければ、分かると思うが、この中で統一教会に一番遠いところに存在する人間です。

近いうちに内部告発者との法廷闘争へと発展する可能性がありそうだが、安倍元首相や下村博文・元文科大臣との接点になりうる経歴があった。韓学長は韓国のウソン（又松）大学に務めた後、琉球大学教育学部教授を経て下関市立大学に来たのだが、そのウソン大学をこの二人の政治家が訪問していたのだ。

二〇一六年十月一日の「てつ校長のひとり言」（福岡市にある中村調理製菓専門学校・中村国際ホテル専門学校「てつ校長」のブログ）には、大学訪問の様子がこう記されていた。「私が泊めていただいた部屋の隣は安倍総理が五年ほど前に野党党首だった際、宿泊された部屋」「このときに後に文部科学大臣に就任される下村博文氏も来校されています。そして、安倍氏は構内を視察し、記念講演もされたそうです」。

こんな疑問が浮かんでくる。それは「安倍元首相と下村元大臣がそろって韓学長が在職していたウソン大学を訪れているのだから、この両政治家との接点を活かして安倍派前田市長に食い込み、下関市立大学教授ポストを獲得したのではないか」というものだ。自民党最大派閥「清話会（安倍派）」幹部の政治力が働いたのかと疑ったともいえる。

そこで韓学長に「安倍氏や下村氏と会ったり意見交換などをしたことはあったのか。あった場合、その内容を教えて欲しい（下関市立大学での採用についての相談をするなど）」と書面で質問したが、「承知していない」という回答が返ってきた。

市大採用での政治力の関与を疑ったのは、不可解な決定過程のようにみえたためだ。経済学部だけの単科大学の下関市立大学に突然、特別支援教育特別専攻科の新設と韓教授（当時）ら三名の採用が提案され、教授会の九割以上が反対したのに撤回されなかったのだ。

文部科学省大学振興課もこれを問題視、二〇一九年八月に「学内規程に沿った適切な手続きをとること」を文書で助言したが、大学側は定款の変更で対応した。ルール違反と言われたのでルール自体を変えてしまおうと考えたのだ。これに市議会で過半数を占める与党会派は賛同、市大の定款を変更する議案を賛成多数で可決してしまったのだ。

これを機に経済単科大学として評価が高かった市大は激変していった。二〇一九年以降の三年間で教員の約三分の一（二七名）が中途退職・転出し、二〇二二年四月十五日の地元紙・長周新聞は「ここ数年は『日本で一番崩壊している大学』と評されるようになっている」と指摘した。岩波ブックレット「『私物化』される国公立大学」にも同大学の教員有志が寄稿、「大学が『私物化』されるとはどういうことか」と銘打った第一章で実態が紹介されていた。

そして二〇二二年一月には山口県労働委員会は大学側の行為（規程）を「不当労働行為」と認定した。翌二月二十三日の長周新聞が「労働委員会が不当労働行為と認定　下関市立大学巡り組合との誠実な団体交渉を求める」と銘打って報じたのはこのためだ。そこで、「こうした大学側の行為が多数の中途退職者が出ている原因と考えていないのか」という質問を韓学長と前田市長にしたが、いずれの回答も「退職者の個別の理由については把握していない」だった。地元の記者も首を傾げていた。

「特別支援教育の新設専攻科には学生があまり集まらず、市大の〝ドル箱〟になってはいません。特別専攻科新設に伴って韓学長と関係があった職員も採用され、その人件費を学費で十分に補えない事態に陥っているようです。前にいた琉球大学でも定員割れだったと聞いていますが、前田市長がなぜ市財政の負担増となる異例の人事（韓教授らの採用）を推し進めたのかが謎なのです。なお他大学で採用されるほどの優秀な教員が市大から出て行く一方、下関市役所ＯＢの砂原雅夫氏が特命教授（実務家教員）になるという珍しい人事が罷り通っています。市役所の退職者にとって市大は美味しい天下り先なのです」

二〇二〇年二月一日には「下関版モリカケ問題を考える！　〝桜を見る会疑惑〟＆〝下関市立大学私物化〟シンポジウム」と題する集会が市内で開かれ、元検事の郷原信郎弁護士や文科省ＯＢの寺脇研氏らがパネラーを務めた。そして郷原氏は「『桜を見る会』の構図　下関市大の人事にも」（二〇二〇年一月二十日の日経グローカル）という見出しの記事で、こう指摘した。

「政治的な意図から、違法な教授人事と、公立大学を安倍首相直系の政治勢力の支配下に収めようとする策謀が進められようとしていることは紛れもない事実である」

安倍元首相が亡くなっても、モリカケ桜に代表される〝アベ友優遇政治〟は生き続けているのではないか。その典型的事例がお膝元の下関市立大学のように見えてしまうのだ。安倍元首相の地元・山口県下関市（山口四区）では、友達や身内や支持者をひいきにする〝アベ友優遇政治〟が罷り通ってきた。第二次安倍政権が二〇一二年十二月に誕生して以降、全国各地に拡散して森友・加計・桜を見る会などを引き起こしたようにも見えるのだ。

そして自民党への選挙支援（信者の無償労働提供）を受ける一方で、旧統一教会の高額献金を野放しにしてきたのも〝アベ友（教団）優遇政治〟といえる。こうした負の遺産をいかに清算するのかが政治の緊急課題なのだ。

第9章　旧統一教会問題が直撃した沖縄県知事選

20時ジャストに出た当確後に万歳をする玉城デニー知事。

1　統一教会問題が直撃した沖縄県知事選と前哨戦の参院選沖縄選挙区

自民党と統一教会とのズブズブの関係が安倍元首相銃撃事件の機に明らかになったことが、岸田政権を直撃して内閣支持率が下落。二〇二二年九月十七日十八日の毎日新聞と社会調査研究センターの世論調査では前月比で七％減の二九％に落ち込み、同時期の産経新聞とＦＮＮ（フジニュースネットワーク）の調査も一二％減の四二・三％とこちらも過去最低を更新した。朝日新聞や日本経済新聞や共同通信なども同様の傾向で、「危険水域に入った」「底なし沼のような状況」（永田町ウォッチャー）という声が漏れ聞こえて来たのはこのためだ。

自民党が「天下分け目の決戦」と位置づけていた地方選挙にも、旧統一教会問題は悪影響を及ぼし始めた。現職の玉城デニー知事（立民・共産・れいわ・社民・沖縄社大党推薦）が、元宜野湾市長の佐喜眞淳候補（自公推薦）と元衆院議員の下地幹郎候補を破った「沖縄県知事選」（九月十一日投開票）のことだ。

テレビ局各社が当確を出したのは二十時ちょうど。辺野古新基地反対を今回も訴えた玉城知事が二人の対抗馬を〝秒殺〟した瞬間、那覇市内の社会福祉会館で開票を見届けようとしていた支援者から大きな拍手と歓声が沸き起こり、万歳三唱と花束贈呈と再選後初会見へと進んでいった。そして囲み取材を終えた玉城知事に「旧統一教会問題は追い風になったと思いますか」と聞くと、「たぶん、な

旧統一教会との関係が報道され、告示日に釈明をした佐喜眞淳・元宜野湾市長。4年前と違って大物議員が続々と応援に駆け付けることはなかった。

っているでしょう」と即座に答えた。

地元紙の琉球新報は投開票日の二〇二二年九月十一日、「基地、経済政策に審判」という見出しをつけて報じたが、県政ウォッチャーは「旧統一教会問題が直撃した選挙戦」と総括した。公明党沖縄県本部代表の金城勉県議も選挙戦最終日の九月十日、囲み取材で「旧統一教会問題がボディブローのように効いた」と語った。佐喜眞氏が最後の街宣を終えた直後のことだ。先の県政ウォッチャーはこう続けた。

「七月の『参院選沖縄選挙区』では、自公支援の元総務官僚の古謝玄太候補が敗北したものの、現職の元宜野湾市長の伊波洋一参院議員に約三千票差にまで迫りました。しかも県知事選と同様に辺野古新基地建設の是非が一大争点で、選挙区の広さも同じ。それで佐喜眞陣営は『県知事選でも接戦となる』と勢いづいたのですが、蓋を開けてみると六万票以上の差がついたのです。参院選後、連日のように報道された旧統一教会問題が逆風になったのが最大の敗因としか考えられない」

実際、今回の県知事選は異例のスタートとなっていた。告示日（八月二十五日）の街宣で佐喜眞氏は統一教会問題について次のような釈明をしたのだ。

「連日、統一教会の報道がなされています。たしかに私は、旧統一教会の関係団体の行事に参加をしてまいりました。ただし、会費（の支払い）であるとか、資金の提供を受けたことは一切ございません。ただし多くの方々に不安を与え、誤解を招くような行動をしたことについて真摯に反省をしております。この場をお借りしまして、旧統一教会関連との一切の関係を今後行わない。（関係を）断つということをお約束させていただきます」

私は驚きを隠せなかった。自民党の得意技は〝争点隠し選挙〟だ。都合の悪いことには触れず、得意分野に絞って話すのが常套手段だったが、今回の第一声は違った。佐喜真氏が三年間で八回も旧統一教会や関連団体の行事などに参加したことは地元紙が報道した。また二〇一九年九月に台湾で行われた合同結婚式にも出席した画像はネット上で拡散した結果、旧統一教会問題について説明しないと有権者が納得しないところまで追い込まれていたといえるのだ。

公明党支持者の動きも鈍かったようだ。「四年前の県知事選と違って、今回は創価学会員からの電話がかかってこなかった」（那覇市民）とも聞いたが、投票率も前回比べて五・三二％低い五七・二二％に止まり、自公の〝必勝パターン〟である期日前投票も前回に比べて五％以上も低かった。旧統一教会とのズブズブの関係が明らかになり、公明党支持者のヤル気が削がれていったようにみえるのだ。

自民党の本気度不足も隠しようがなかった。四年前は動員力抜群の小泉進次郎・元環境大臣が何回も沖縄入りするなど、大物議員が続々と佐喜眞氏の応援に駆け付けた。当時の官房長官だった菅義偉・元首相も県庁前で進次郎氏とそろい踏みの街宣をして、携帯料金値下げを訴えるなど、何でもありの総力戦を展開していたのだ。

ところが今回は全く様子が違った。告示日と最終日に小渕優子・元大臣がマイクを握ったものの、重要な選挙で駆り出されることが多い小泉氏の姿を見ることはなかった。九月二日に予定された菅元首相の応援演説も台風の影響で延期となったが、翌週に再設定されることはなかった。自民党は選挙戦終盤で佐喜眞氏の敗北を確信、途中から手を抜いたのは間違いない。〝全力投球〟をして敗れた時のダメージを少なくするために、途中で白旗を上げたような状態だったのだ。

対照的だったのが野党陣営。選挙戦最終日の二〇二二年九月十日には、玉城知事を推薦した野党四党の党首が県庁前に勢ぞろい、応援演説をしていった。自公との力の入れようの違いが可視化され、この時点で結果は見えていたのだ。

「台湾有事は日本の有事」と繰り返し訴えていた安倍元首相の軍拡路線への審判が、沖縄県知事選で下された側面もあった。岸田政権にも引き継がれた軍拡路線に疑問呈示をしたのが、二期目を目指して「沖縄県知事選」への出馬を表明した玉城知事だったからだ。二〇二二年六月十一日に那覇市内で会見、冒頭の決意表明で岸田政権との対決姿勢が透けて見えたのだ。そこで私は、県知事選の争点について「『抑止力強化の路線か、それとも対話・信頼育成の外交路線か』という対立軸のような気がするが、それでいいのか。『防衛費倍増』『台湾の有事は日本の有事』という自民党が推す候補だと、抑止力強化、軍事力強化の路線の方に行ってしまうような気がするが、そういうことを訴えて対立軸にしていくという理解でいいのか」と聞くと、玉城知事はこう答えた。

「基地があるところは必ず有事に相手の標的になる。基地を攻撃することは、戦争の原則的な戦い方だ。だから抑止力を強化しても本当に平和的な外交につながるのかということは恐らく、いろいろな方々の認識が分かれるところだと思う。しかし私は、それまで沖縄県が重ねてきた平和的な外交、特に中国・韓国・台湾・東南アジアの国々とも歴史の中でも信頼関係を作ってきたから、沖縄は沖縄から平和たる拠点として、『平和こそ大事ですよ』ということを若い方々に伝えたいと思う」

2 安倍軍拡路線を継承する岸田政権

軍拡よりも平和外交の重要性を訴えたわけだが、出馬会見後の囲み取材でも、私は同主旨の質問をしてみた。ハト派のイメージを醸し出す岸田首相だが、〝安倍忖度政権〟と揶揄される通り、実態は「台湾有事は日本の有事」「防衛費倍増」と繰り返したタカ派の安倍元首相の軍拡路線と同じと考えられるためだ。

――岸田総理について一言、安倍・菅政権に比べてどうか、（ハト派のイメージで防衛費倍増を言い出

告示日に辺野古で街頭演説をする玉城デニー知事。最大の争点が辺野古新基地問題であるのは４年前と同じだった。

すなど）さらに危険な存在なのか。

玉城知事　おそらく安倍総理、菅総理の時に比べてウクライナの状況も考えると、何というのでしょうか、非常により、国防論についての意識といいますか、それが少し色濃くなっているのではないかと思う。

　これまでのアジアの国々との関係を戦後七十七年かけて修復してきたことを瓦解させることになりかねない危惧さえ感じています。中国に三万三〇〇〇社あまりの法人企業の拠点が置かれていること、そして日本にとって中国は貿易国第一位、中国は日本が第二位です。有事を想定すると、これまで築き上げてきた経済の形そのものまで影響を及ぼすことは間違いない。日本全体の国民の暮らしはどうなるのかという視点も、私は絶対に見落としてはいけないと思う。

岸田総理は是非、広島から選ばれた総理大臣ですので、今こそ、広島・長崎・沖縄から平和を発信していくことの重要性が増している時代、タイミングはないのではないかと思います。

ソフトな言い回しだが、「被爆地・広島出身の総理大臣が、軍拡（抑止力強化）邁進の安倍路線を引き継いでいいのか」という強烈な皮肉と批判を込めた発言といえる。と同時に、そんな〝安倍忖度政権〟とは正反対の「平和外交路線」を目指すと玉城知事は宣言したようにも聞こえた。

もう一つの道が浮き彫りになる。米国追随で軍拡路線邁進の岸田政権とは一線を画し、それとは別の「平和外交路線」を目指すということだ。沖縄県知事選の二カ月前の「参議院選挙（投開票日七月十日）」の沖縄選挙区（定数一）でも、同じ対立軸が見て取れた。防衛費倍増の岸田政権支援の古謝玄太候補（自民公認・公明推薦）と、玉城知事と足並みをそろえる現職の伊波洋一参院議員が激突していたからだ。辺野古新基地建設に反対する「オール沖縄」支援の伊波氏は二〇二二年六月十二日、名護市で街宣。アメリカ（米軍）はすでに沖縄が戦場になることを想定していると訴えていたのだ。

「いま行われている南西諸島の軍事化は極めて危険です。アメリカは（沖縄から）引こうとしています。沖縄が戦場になろうとしているからです。だから沖縄に来る海兵隊は今、もう家族は伴わない。私たちが平和に暮らしていると思っている沖縄が、アメリカが戦場にしようと狙っている地域になってしまっている。それに日本政府が同意をしている。そのことを私たちは許してはなりません」「今年（二〇二二年）一月七日の日米閣僚級外務防衛協議（日米安全保障協議委員会＝日米「2＋2」）の中で、あの南西諸島に作った自衛隊基地を含め、沖縄の基地をすべて日米共同使用にすることで合意した。（主要な部隊が沖縄から引いている）アメリカは、秘密裡に小さい部隊で沖縄に来て、ミサイルを打って日中戦争が始まるようなシナリオが書かれている。私は国会の場で何度も指摘をしましたが、『答弁は差し控える』というのが政府の答弁だ。このような状況を県民は許してはならない」。

玉城知事と伊波氏の訴えはぴったりと重なり合う。「台湾有事は日本の有事」と捉えて防衛費倍増で軍拡に走るのではなく、平和的な外交交渉で日本が戦場となる米中戦争を回避しようとする別の選択肢を二人とも示していたのだ。

これに対して古謝氏も同日（六月十二日）に名護市などで街宣。三カ所目の沖縄市では、次のように訴えていた。「先般、恩納村の核ミサイル発射台の跡の施設を見学した。冷戦時代の軍事施設を世界への平和の発信拠点にしている。非常に重要な取り組みだと感銘を受けた。これからの沖縄の未来を作っていくためには、この平和な沖縄をしっかり引き継がなければならない。そのためには現実的な安全保障体制を築いていく。それに加えて、沖縄がしっかりと平和を発信していく。そのためには恩納村の施設のような取り組み、非常に重要だと思っている」。

正直言って唖然とした。台湾有事で再び沖縄が戦場となるリスクが高まっているのに、冷戦時代の核ミサイル発射台に注目、平和の発信拠点になっていることを評価していた。冷戦時代のような危うい状況に逆戻りしている現実から目を背ける〝お花畑的思考〟と言っても過言ではないだろう。

参院選沖縄選挙区と沖縄県知事選に共通する対立軸は、軍拡邁進の岸田政権が推す新人候補を選ぶのか、それとも平和外交路線を目指す現職を選ぶのかということだったのだ。

別の言い方をすれば、アベ政治イエスかノーかを問う選挙であったのだ。

第10章　外交もぼろぼろにした国賊・安倍元首相

来日して安倍元首相の従軍慰安婦に関する暴言に抗議する韓国国会議員。

1　戦後最悪の日韓関係にした安倍元首相の大罪と日韓関係改善に向けて

「財政、金融、外交をぼろぼろにし、官僚機構まで壊して、旧統一教会（世界平和統一家庭連合）に選挙まで手伝わせた。私から言わせれば国賊だ」（村上誠一郎元大臣）にある「外交をぼろぼろにし」たのも紛れのない事実だ。二〇一九年の参院選直前に「戦後最悪の日韓関係」と評されるまでの関係悪化を招いた〝A級戦犯〟こそ、安倍元首相だったのだ。これを当時、『「舐められてたまるか！』というような小学校高学年位の考え方」と一刀両断にしたのが山本太郎・れいわ新撰組代表だった。安倍政権の対韓強硬外交が日本の国益を損ねているとズバリ指摘したのだ。

参院選告示直前の二〇一九年七月一日に経産省は韓国への貿易管理強化を発表、しかも世耕弘成・経産大臣（当時）がツイッターで徴用工問題を巡る信頼関係毀損を理由にあげたため、韓国・文在寅政権は「徴用工問題の報復措置」「（植民地支配の）加害国なのに盗人猛々しい」と猛反発し、日本製品不買運動や訪日観光自粛ムードが一気に広がった。政治的問題を経済に飛び火させた安倍政権（首相）に対して報復すべきという「反安倍」（「反日」ではない）の気運が韓国国民の間でも高まり、日本経済に実害をもたらし始めたのだ。

しかし安倍政権は対韓強硬外交を見直すどころか、二〇一九年八月二日に経済的報復第二弾に踏み切った。輸出管理上の優遇措置を受けられる「ホワイト国」から韓国を除外することを閣議決定したのだ。これに対して韓国側はさらに反発を強めて「今後、日本の不当な措置に断固たる姿勢で対応していく」（韓国大統領府）と予告、八月十二日には日本を「ホワイト国」から除外することを発表、二三日には日韓軍事情報包括保護協定（ＧＳＯＭＩＡ）の破棄決定を通告した。

国内のメディアには「日韓関係悪化でより大きな打撃を受けるのは、韓国側」といった〝日本優位説〟が流れたが、データ（統計）に目を向けると、日本側の損失が大きいことは一目瞭然だった。韓国に対して日本は世界各国でトップ5前後の黒字をあげ続けており、二〇一八年も約四三〇〇億円の「旅行（観光＋出張）黒字」と約一兆四〇〇〇億円の「貿易黒字」などを合計した総黒字額は一兆九四〇四億円にも及ぶ（財務省の「国際収支状況」）。そんな〝お客さん〟の韓国との関係が戦後最悪の状態にまで冷え込めば、当然、右肩上がりで増えてきた訪日韓国人が減少に転じ、部品や材料を韓国に輸出して儲けていた日本メーカーの売上減に陥ってしまうのだ。九州の観光地を韓国人に紹介してきた観光コンサルタント会社社長は、「十五年間積み上げてきたものが一気に崩れた」と頭を抱えていた。

「九州で韓国人に人気ナンバー1は大分県湯布院温泉ですが、例えて言えば、日本からフッ化水素などの材料を輸入しているサムソンなどの社員が福岡経由で湯布院を訪れ、旅館でお金を使うので地元食材の調達が増え、宿泊施設の増改築を請け負う工務店の仕事も増えていく。日本にとって韓国人は二重の意味で『お得意様』ということです。日本から材料や部品を買った韓国メーカーが製品を輸出して儲け、そこの社員が日本を訪問してお金を落とすからです」

外国人観光客増加は、観光業者だけでなく、その地域の農家や建築業者にも経済的波及効果があるということだ。ちなみに政府が「ビジット・ジャパン」の取組みを始めた二〇〇三年当時、湯布院を訪れる外国人観光客の割合は一％未満であったが、「現在は約七割で日本人の倍以上で、その外国人観光客の約七割が韓国人です」（先の会社社長）。

湯布院温泉旅館「牧場の家」の女将浦田祥子氏も日韓関係悪化直後、頭を抱えていたた。

「離れ形式の客室が十二棟あるのですが、これまでは半分ぐらいが韓国の方でしたが、七月に入って割合が急に減り始めて八月は一割以下になってしまいました。予約のキャンセルが相次いで、新規の予約もほとんど入らなくなりました」。

牧場の家も外国人観光客が約七割で、その七割（全体の五割）が韓国人だったという。これまで右肩上がりで増えて最大の顧客となった韓国人観光客が七月以降、右肩下がりに転じて五分の一にまで激減してしまったのだ。

浦田さんは二〇一九年七月九日、フェイスブックで「韓国政府と日本政府のニュースを見て悲しくなります」と切り出して、その思いを書きつづった。

「韓国・香港・上海・台湾……お客様は旅行という楽しみで来られています。互いの理解を深められる一つとして『旅行』があります。どの国も方も素晴らしく、FB友達もたくさん出来ました。お客様は『私達は日本が好きで、旅行を楽しんでいますよ』と仰って下さいます。一人一人は素敵な方ばかりなのに、どうして国でまとめるとこんな事になってしまうのでしょう……。

歴史の重圧はあるのでしょうが、平和な世界へと前進していくことを切に願います」

同時期に現地を訪れていた先の会社社長も、こう話していた。

「韓国人観光客に旅館で一生懸命おもてなしをしていたのに、何も悪いことをしていないのに韓国人のお客さんが激減してしまった。二〇一九年七月に湯布院の旅館を回った時に『政治は政治、経済は経済と区別して影響が及ばないようにして欲しい』『政治のとばっちりを経済が受けている』という声を聞きました。われわれ観光関連会社も『日韓関係悪化で誰が得するのか。何のメリットもない』という同じ思いです」

2　元経産官僚の古賀茂明氏の警告

日韓関係悪化で損害を受けるのは、訪日韓国人減少の悪影響が直撃する観光業だけではなかった。元経産官僚の古賀茂明氏は製造業への悪影響について「レアアース輸出制限に踏み切った中国の二の舞になる恐れもある」という警告を発している。

「二〇一〇年に尖閣問題での対日報復策として中国はレアアースの輸出制限をしましたが、使用していた日本のメーカーは代替ルートを探したり、レアアース使用料の少ない製品開発などにより中国依存度を下げた結果、長期的に損失を被ったのは中国の方でした。同じように今回の安倍政権の輸出規制強化で、日本のメーカーが逆に大きなダメージを受ける恐れがあります。安倍政権は『政治的報復ではない』と主張していますが、世耕経産大臣（当時）が報復であることを事実上認めるツイートをしているし、海外メディアも『報復』と報じている。韓国のサムスンやLGなどを含む世界の最先端企業が、『日本は自由貿易と言いながら政治的問題を貿易に絡めてくる。そんな国の企業に部品や材料を過度に依存調達するのは危険だ』と考えても不思議ではないのです」

対韓強硬路線の安倍政権が二〇一九年に世界中に向けて発信することになった「ジャパンリスク」（古賀氏）で、日本のメーカーは世界の最先端企業との独占的協力関係を失う可能性があるともいう。トヨタと下請け会社の関係と並べると、安倍政権が進めた今回の措置の非常識さがよく分かる。古賀氏はこう続けた。

「トヨタの下請け企業でトヨタ向けの部品シェアが断トツの優良企業であっても、独り立ちできるわけではない。トヨタと一緒に新規製品開発をしていく中で技術力が上がっていく。半導体分野で世界最先端のサムソンに、部品や材料を輸出している日本のメーカーも同じ立場です。フッ化水素にして単純に純度を挙げれば良いというものではなく、サムスンのどの製品向けにはどの程度のコストをかけてどこまで純度を上げるのか、不純物の成分は何がどこまで許容されるのかなど、新規製品開発に合わせて微妙な調整が必要だと考えられます。それが日本メーカーにとっては、他国企業と決定的に差別化するための技術的蓄積にもなる。

今後、サムスンが新製品開発をする際、『日本メーカーは危ないから韓国か海外の日本並の技術力を有するメーカーに乗り換える』と決断した場合、協業によって得られる技術進歩を日本メーカーは得られなくなる。半導体分野ではサムソンが世界一で、有機ELでも同じく韓国企業のLGが世界一。日本メーカーが最高水準の部品や材料を作るには、最高水準の元請会社がないと出来ない。安倍首相も世耕大臣も経産官僚も、韓国企業に日本のメーカーを育ててもらっていることを分かっていない」

また「日本で作ると韓国に輸出できないからベトナムで作ることにしよう」ということで、日本メーカーの海外工場移転を誘発する恐れもあった。日本国内の雇用がその分、失われてしまうことは言うまでもない。こうした事態が最先端の分野で起きかねないということだ。古賀氏は現状を神経回路にも例えた。

「世界中に張り巡らされたサプライチェーンの中で、日本が韓国との関係を断ち切ろうとしている。神経回路の一部が損傷した時には他の部分が強化されて修復していくのと同様、製造業の国際的協業でも日韓以外の部分、例えば、中国や台湾などと韓国との関係が強化されていくでしょう。もちろん短期的には韓国もダメージを受けるかも知れないが、蚊帳の外で技術進歩から取り残される日本メーカーも大きな打撃を被るはずです。対韓強硬路線の〝安倍外交〟は国益を損ねる一方、中国や台湾などを儲けさせることになるのです」

国葬では安倍元首相の「地球儀を俯瞰する外交」は功績として称賛されるばかりで、戦後最悪の日韓関係を招いたマイナス面は取り上げられることはなかった。しかし、「勇ましく戦えば最後は大勝利」という戦争漫画の読みすぎと疑いたくなる〝安倍外交〟の弊害を日本メーカーは実感していないわけではなかった。精密機器メーカー幹部が野党国会議員に「日韓関係を何とかして欲しい」と陳情をしたかと思えば、エコノミストの藻谷浩介氏に「日韓関係悪化で輸出急減をして大打撃だ」と悲鳴を上げた企業経営者もいたという。

しかし、こうした製造業の声に安倍政権が耳を傾けて軌道修正をすることはなく、菅政権でも岸田政権でも関係改善の取っ掛かりはつかめていないままだ。二〇一九年から三年経った今も戦後最悪の状態から抜け出せない状態が続いているのだ。古賀氏はこう続けた。

「徴用工や慰安婦問題は先の大戦のことですが、韓国側は『一〇〇年前に始まった植民地支配を反省していない』『心からの謝罪をしていない』とさらに遡って安倍政権の姿勢を問題にしようとしています。『韓国が日本の植民地になって主権を失った「屈辱の歴史」を忘れるな』という韓国民の尊厳をかけた歴史的闘争になりつつあるのです。外務省は今でも『(日本が韓国を植民地にした)日韓併合は合法』という立場です。『日本は加害者であったことを忘れている』と韓国側から批判されることはいくつもあります」

一九一九年八月初旬に古賀氏が韓国のテレビ局「MBC」の取材を受けた際、インタビューをした記者は「今回の韓国でのデモは『反日』ではなく、『反安倍』。『日本が悪い』と言っているわけではなく、『安倍首相が悪い』ということです」と強調していたという。

「だから韓国側が謝罪をすることはありえない。安倍政権が振り上げた拳を下ろすような事態になることも考えられない。今は韓国のマスコミも野党も『反安倍』ではまとまっている。このまま日韓両政府の対立が激しくなっていく恐れは十分にある」(古賀氏)。

古賀氏は「韓国政府はしたたかで、安倍政権よりもレベルが高い」とも指摘する。

「韓国は日本に対して黒字になったことは一度もなく、ずっと赤字だった。かつては『赤字を小さくしないといけない』と言っていたが、もう今は言わない。日本から高品質の部品や材料を買って加工、製品を輸出することで韓国企業の国際競争力を高めている。『日本に対して貿易赤字でも他の国への輸出で儲ければいい』という考えに変わったのです。『損をして得を取る』ともいえます。それに比べて日本は口では『自由貿易』と言いながら、政治的問題を貿易に絡めて『ジャパンリスク』を世界に知らしてしまった。国内世論では支持をされても、海外からは『アジアの模範国だと思っていたのに、最近何だかおかしな国になってきた』と見られつつある。安倍政権の対韓強硬外交で日韓関係がさらに悪化、日本経済が打撃を受けるとともに、ジャパンブランドも毀損する。歴史的大愚策だったと後悔する日が来る可能性は高まっています」

3　アベノミクス批判の急先鋒で『デフレの正体』の著者の藻谷浩介氏も危惧

アベノミクス批判の急先鋒でもあるエコノミストの藻谷浩介氏も、日韓関係悪化についてこう指摘する。

「日韓関係悪化で現実に売り上げがガクッと一割、二割下がる人は一杯いるわけですから、そのことをどう考えるのか。『韓国をやっつける』と言っているが、日本国内の身内を傷つけている。誰が得をしているのかと言うと、国内では安倍政権の対韓強硬外交にスカッとした人。かゆいところに掻いた瞬間だけスカッとするが、後から血が出るようなものです。参院選に向けて（二〇一九年七月上旬に）韓国への貿易規制をして『こんなにいやらしいことをするのか』と思いながら、自民党の得票が増えるのかと思ったが、さすがに『何これ？』と思った人が多かったのでしょう。自民党の得票はかえって減っています。確実に得をしたのは韓国経済低迷や支持率下落などのピンチを脱した文大統領だと思います。

『対韓強硬策を止めた方がいい』という人を『反日』と言う人こそ、『反日で日本の国益を損ねている』ということです。対韓強硬外交に快哉をあげる人は、韓国と商売をしている人たちの売上が落ちて不景気になることに責任が取れるのか」

藻谷氏は日本のハイテクメーカー関係者から「韓国への輸出減で大変だ」という声を聞いたという。

「韓国への輸出で儲けている日本のメーカーはどこも困っているでしょう。売上減は実際に起きていると思うが、みんな黙っている。そういう当たり前のことを表で言うと、『反日』と呼ばれてしまうので、言いにくくなってしまっている。今回、官邸と経産省が外務省を蚊帳の外にして暴走、戦前の軍部のような形になってしまいました。経済的損失について計算をせず、感情に流されることを放置しておくと、戦時中に戻ってしまうと思う。『民主主義だから国民感情に奉仕すればいい』ということは、会社で言えば、『社員感情に奉仕すればいい』と言っている社長のようなものでしょう。そんな会社は潰れます。お客さんにも目配りをしないと駄目です」（藻谷氏）

対韓強硬外交で日本メーカーや観光業者に経済的損害を与えていた当時の安倍政権（首相）と、損得勘定が出来ない感情的社員にゴマをするダメ社長とが二重写しになる。顧客への配慮を怠る企業が経営破綻に追い込まれていくのと同様、年間一兆九千億円の黒字を出す韓国との関係を戦後最悪にした〝安倍経産内閣〟（官邸＋経産省）は日本の国益を毀損、国民に損失を強いる亡国への道を歩み始めたといえるのだ。
データ（統計）を元にアベノミクス批判をすることでも知られる藻谷氏は、「韓国に対して日本は世界各国でトップ5前後の黒字をずっとあげている」と指摘、二〇一八年の韓国に対する日本の黒字額をあげた。

- 「旅行黒字（観光＋出張）」　四三一九億円
- 「輸出入の貿易黒字」　一兆三九六五億円
- 「日本の経常収支」　一兆九四〇四億円
（特許料や配当なども足した黒字額の合計）

全国各地で年間一〇〇回以上の講演を続ける藻谷氏の〝定番ネタ〟は、日本の黒字国と赤字国を列挙することだ。最大の赤字国が原油を輸入する中東産油国である一方、最大の黒字国はアメリカの一二兆円で、次いで中国と香港を足した六兆円、台湾の二・二兆円、そして韓国と続く。旅行黒字と貿易黒字の両方で日本が儲けさせていただいているのが韓国ということなのだ。

二〇一九年当時の安倍首相の対韓強硬外交が、日本の国益を毀損したのは紛れもない事実だった。三年経った今も関係改善に至らない戦後最悪の日韓関係もまた、安倍元首相が残した負の遺産であるのは間違いない。この負の遺産をどうやって清算、日韓関係を改善していくのかが今後の課題なのだ。

4　キーセン発言など日韓関係悪化でも安倍元首相は国賊

韓国を侮蔑するキーセンハウス発言（後述）を取り消さなかった安倍元首相は、歴史認識でも「戦後最悪」と言われる日韓関係に悪影響を及ぼしてもきた。この発言を韓国メディアは何回も取り上げ、二〇〇七年に韓国の国会議員であるウリ党のユ・キホン議員が来日し、外務省に抗議書を渡したことがあった。ユ・キホン議員は安倍首相（当時）にも公開質疑書を送りつけ、韓国メディアは大々的に報じ、日本でも国会でも野党議員（立民の阿部知子衆院議員）が追及した。しかし安倍元首相は若手議員時代の暴言について謝罪も反省もしないまま亡くなってしまったのだ。

日韓関係悪化を招いた元凶ともいうべき安倍元首相の問題発言は、他にもあった。名乗り出た慰安婦を嘘つき呼ばわりにもしていたのだ。キーセンハウス発言が収録された「歴史教科書への疑問」（日本の前途と歴史教育を考える若手議員の会編）には、安倍首相の発言が次のように記されている。

「私は慰安婦だったと言って要求をしている人たちの中には、富山県に出ていたというようなことを言う人だっています。富山には慰安所も何もなかった。明らかに嘘をついている人たちがかなり多くいるわけです。そうすると、ああ、これはちょっとおかしいな、とわれわれも思わざるを得ない」

「富山県に出ていた」と言った慰安婦は、カン・ドッキョンさんと考えられる。ＮＨＫの番組「戦争——心の傷の記憶」（一九八三年八月十四日放送）に登場した方だが、この番組の中で「富山市の軍

安倍元首相の慰安婦問題発言を収めた本を手にする元ＮＨＫの永田浩三氏。安倍元首相らの圧力で慰安婦問題を取り上げた番組（ＥＴＶ特集）は改変された。

需工場で働いていた時に脱走。その時に軍人に強姦された後、長野県松代の慰安所に連れていかれた」と紹介されていたのだ。

安倍元首相は、こうした経緯をよく調べずに「富山に慰安所はなかったから嘘つき」と決めつけた可能性が極めて高い。名乗り出た慰安婦を嘘つき呼ばわりしたことに対しても謝罪すべきだったのだ。

永田浩三・元ＮＨＫプロデューサーも国葬反対集会でマイクを握り、歴史修正主義者の安倍元首相の従軍慰安婦否定発言を批判した。これは、安倍政権時代からの一貫した主張でもあった。

永田氏は二〇一四年九月十六日、衆院議員会館で安倍首相（当時）のキーセンハウス発言が載った黄色の本を手でかざしながら、自らのＥＴＶ特集番組会見事件とメディア支配の関連性について語った。二〇〇一年、ＮＨ

Kのプロデューサーとして元従軍慰安婦問題を扱ったETV2001を担当。安倍首相らの圧力を受けたと疑われるNHK幹部の指示で内容が劇的に変わった。番組制作に協力した市民団体らが訴えた裁判で永田氏は二〇〇六年、その経過を証言。三年後に早期退職した永田氏は改変事件をまとめた本を出版した。そして安倍首相と番組改変事件の接点について、こう話したのだ。

「NHKは『自主的に変えた』と言っていますが、政治介入があったととらえた方が自然です。放送の前、伊東律子番組制作局長が〝黄色本〟(『歴史教科書への疑問』)という本のページを開き、『言って来ているのはこの人たちよ』と告げました。そこには『議員の会』の前事務局長だった安倍首相(当時)らの名前が列挙されていました。伊東局長は『政治家が言って来ているのだから、分かってね』と恥ずかしそうに伝えました。そんなことは許されないという現場感覚がまだ錆びついていなかったのでしょう」

一九九〇年代にNHKは慰安婦問題の番組を何本も放送したが、二〇〇一年の番組改変事件以降、二十年以上も検証番組は制作されていない(短時間のニュース番組は除く)。本来であれば、橋下徹氏の慰安婦容認発言(二〇一三年)や朝日新聞の慰安婦検証報道(二〇一四年)が世間の関心を集めた時に合わせて、NHKが当時の蓄積を活かして検証番組を作ってもおかしくなかった。しかし安倍元首相ら歴史修正主義者が大手を振って歩く一方、朝日新聞批判でNHKをはじめメディアが萎縮してしまった結果、「慰安婦=売春婦=商業的行為(ビジネス)」という見方がはびこり続け、世界から「日本は人権問題後進国」と笑い者になる状況が続いていくことになったのだ。

永田氏はこう続けた。「『歴史教科書への疑問』は一九九七年に刊行されていますが、当時と同じ考

来日した元従軍慰安婦。戦後最悪の日韓関係を招いた安倍元首相は、慰安婦に対する暴言を撤回・謝罪することはなかった。

えを今も安倍首相（当時）は持ち続けたのでしょう。安倍首相の『慰安婦＝売春婦』という見方は『オランダには飾り窓がある』という籾井勝人会長（当時）の就任会見発言にもつながり、俗説や間違いがメディアにまかり通り続けることにもなったのです」

安倍元首相が嘘つき呼ばわりした慰安婦のカンドッキョンさんについても、永田氏は強制性だけが問題ではないと指摘する。「姜《カン》さんは『いい仕事がある』と言われて日本に行ったら、結局、慰安婦の仕事をすることになった。安倍元首相がこだわる『強制連行』の有無ではなく、甘言や嘘、移動の自由の剥奪などトータルの人権侵害に目を向ける必要があります」。

安倍元首相の発言は単行本の中にたしかに収録されていた。一九九七年に「日本の前途と歴史教育を考える若手議員の会」（代表・中川昭一元農水大臣）が結成され、当時四十三歳の安倍首相は事務局長を務めたが、その勉強会で従軍慰安婦についてこんな暴言を吐いていたのだ。

「韓国にはキーセン・ハウスがあって、そういうことをたくさんの人たちが日常どんどんやっているわけですね。ですから、それはとんでもない行為ではなくて、かなり生活の中に溶け込んでいるのではないかとすら私は思っているんですけれども」

キーセンハウス発言が収められたのが、一九九七年（平成九年）十二月二十三日に出版された『若手国会議員による歴史教科書問題の総括　歴史教科書への疑問』（日本の前途と歴史教育を考える若手議員の会編）であり、先に述べた「NHKのETV番組改変事件」で制作現場に示された〝首相お仲間発言集〟でもあった。表紙が黄色であることからNHK関係者の間で「黄色本」とも呼ばれていた。編集・出版したのは「日本の前途と歴史教育を考える若手議員の会」。安倍元首相は当時、事務局長を務めていた。

一九九七年（平成九年）二月、中学校歴史教科書に従軍慰安婦の記述が載ることに疑問をもつ戦後世代を中心として若手議員が集まり、日本の前途について考え、かつ、健全な青少年育成のため、歴史教育のあり方について真剣に研究・検討すると共に国民的議論を起こし、行動することを目的に設立。様々な立場の方々を講師に招いて勉強会を重ね、また随時、総会を開催していた。

代表は中川昭一・元大臣（故人）で、事務局長は安倍元首相が務めた。そして、安倍元首相のキーセンハウス発言は、石原信雄・前内閣官房長官（当時）を招いた七回目の勉強会の質疑応答の時に飛び出した。勉強会のテーマは「河野官房長官談話に至る背景」であった（同書三一三頁。注に全文）。

安倍元首相の発言を言い換えると、「キーセンハウスだらけの韓国で未成年女子が強制的ではなく、生活に溶け込んでいる売春を自由意志でしていたから問題ない」ということになる。慰安婦問題に詳しい専門家はこう話す。「安倍首相は、未成年の少女が騙されて慰安婦となった歴史的事実を知っているのでしょうか。『慰安婦は強制ではなく自由意志だったから問題はない』という主張に従えば、『日本の女子高生が戦場で兵士と援助交際（パパ活）をするのは問題ない』ということになる。安倍首相のキーセン・ハウス発言を謝罪して取り消さない限り、国内外から〝戦場での援助交際（パパ活）ビジネス容認〟と笑い者になり、『日本は女性人権問題の後進国』と見なされかねないのです」。

●注1　安倍首相のキーセンハウス発言全文

「今、石原さんのお話を伺いますと、ああ、なるほどな、という感じもするわけでありますが、しかし、実態は強制的に連れていかれたということになると、本人だけではなくて、その両親、そのきょうだい、隣近所がその事実を知っているわけですね。強制的にある日、突然、拉致されてしまうわけですから。横田めぐみさんみたいに連れていかれちゃう。そうすると、周りがそれを知っているわけですね。その人たちにとっては、その人たちが慰安婦的行為をするわけではなくて、何の恥でもないわけですから、なぜその人たちが、日韓基本条約を結ぶときに、あれだけ激しいやりとりがあって、いろいろなことをどんどん、どんどん要求する中で、そのことを誰もが一言も口にしなかったかというのは、極めて大きな疑問であると言わざるを得ない。かつまた、今回、そういう話であれば極めて勇気がいる。

とすると、絶対一〇〇％慰安婦として行為をしていた人以外が手を挙げることは考えられないわけでありますが、そうではなくて、私は慰安婦だったと言って要求をしている人たちの中には、富山県に出ていたというようなことを言う人だっています。富山には慰安所も何もなかった。明らかに嘘をついている人たちがかなり多くいるわけです。そうすると、ああ、これはちょっとおかしいな、とわれわれも思わざるを得ないんです。

ですから、もしそれが儒教的な中で五十年間黙っていざるを得なかったという、本当にそういう社会なのかどうかと。実態は韓国にはキーセン・ハウスがあって、そういうことをたくさんの人たちが日常どんどんやっているわけですね。ですから、それはとんでもない行為ではなくて、かなり生活の中に溶け込んでいるのではないかとすら私は思っているんですけれども、そのへんについて、石原さんは疑問に感じられなかったかどうかということをお伺いしたいと思います（以下略）」

●注2　国会で取り上げられた安倍元首相のキーセンハウス発言（二〇〇七年五月十一日）

○阿部（知子）委員　社会民主党・市民連合の阿部知子です。この連休中は、我が国の安倍総理を初め、麻生外務大臣また久間防衛大臣がアメリカ並びに中東に行かれて、今、世界的に見ても外交上最も多難で、なおかつ何とか平和を回復せねばならない時代の要請を一つでも実現すべく、外交努力を重ねてこられたことと思います。そういうことにのっとって本日は質問をさせていただきます。冒頭、予告外のことですが、お帰りになりました塩崎官房長官にお伺いをいたします。

安倍総理の訪米に関しまして、その中で従軍慰安婦問題について、総理みずから、人権問題がこれまでも歴史の中でも侵害され、また現状、我が国の北朝鮮の拉致問題等々でも深く傷つく人々がいて、何とか二十一世紀を人権の世紀とするためにも、我が国の従軍慰安婦に対する態度はきちんと河野談話を継承したものであり、総理としても深く反省の念、遺憾の念、同情の念を持っておられるというお話をしてこられたという報道があります。

私は、そのことにのっとって、もしその言葉に偽りなきことであれば、もう一つ実は解決していただきたい、この従軍慰安婦問題についての安倍総理の発言がございます。

塩崎官房長官は、きょう私がここに持ってまいりました「歴史教科書への疑問」、こういうタイトルなものでございますが、この書物は御存じでありましょうか。――はい、御存じないと。

官房長官は入っておられないのですが、実はこれは、日本の前途と歴史教育を考える若手議員の会、自民党の中川昭一現政調会長が代表、そして、当時まだ若手の議員であった安倍総理、これは平成九年の書物でございますが、皆さんで会議を持たれて歴史教科書の記載についての論議をなさったというもので、編集もこの若手議員の会になっておりますから、編集責任もあるものだと思います。その中で、本来これは安倍総理にお伺いすべきですが、残念ですがこの場においでではございませんので、官房長官に宿題をお願いしたいと思います。安倍総理は、この従軍慰安婦問題で、私が読みましてずっと懸念しております、韓国政府に対しての二つの大きな、私は不適切な表現かなと思うところがあります。

一つは、拉致問題に関して「実態は強制的に連れていかれたということになると、本人だけではなくて、その両親、そのきょうだい、隣近所がその事実を知っているわけですね。強制的にある日、突然、拉致されてしまうわけですから。横田めぐみさんみたいに連れていかれちゃう。そうすると、周りがそれを知っているわけですね。その人たちにとっては、その人たちが慰安婦的行為をするわけではなくて、何の恥でもないわけですから、なぜその人たちが、日韓基本条約を結ぶときに、あれだけ激しいやりとりがあって、いろいろなことをどんどん、どんどん要求する中で、そのことを誰もが一言も口にしなかったか」ということを述べておられます。要約すると、そもそも従軍慰安婦問題は、日韓基本条約のときになぜ韓国政府なり慰安婦とされた方が言い立てなかったのか、不思議に思うということが一つ。

そして、後段でございます。「もしそれが儒教的な中で五十年間黙っていざるを得なかったという、本当にそういう社会なのかどうか」と。これも疑問に思うと述べておられます。

「実態は韓国にはキーセン・ハウスがあって、そういうことをたくさんの人たちが日常どんどんやっているわけですね。ですから、それはとんでもない行為ではなくて、かなり生活の中に溶け込んでいるのではないかとすら私は思っているんですけれども」と続いてまいります。

これは逆に、売春あるいは買春、そうした行為が、キーセン・ハウスが韓国は多いから日常生活の中に溶け込んでいる、それゆえに慰安婦の方たちも発言されなかったという筋立てになってございます。私は、これが、議員の会が責任編さんでありまして、これは安倍総理御自身の言葉であります。もし今こういうことが韓国との間で問題になれば、これもまた、我が国は、もちろん中東との関係も重要ですが、一方で、このアジアで生きていくわけでございます。このことがどのように理解され、どのような余波を生むのか。私は、この書物が発行された当時から、ほかにも幾つも問題と思うところは赤い線を入れさせていただきましたが、特に安倍総理御自身の言葉としてやはり非常に問題が多かろうと思います。

きょう、塩崎官房長官には初めてお読みするので、内容等々つまびらかでなければ、これは総理自身はお持ちであろうと思いますから、ぜひ伺っていただきまして、このたびの米国での謝罪とこのこととの関連性をきちんとお話しいただけるようお伝えいただきたいと思いますが、いかがでしょうか。

○塩崎国務大臣　お言葉でございますので、伝えたいと思います。

○阿部（知）委員　また次回の質問でお答えもいただきたいと思います。

おわりに

本書は、クラウドファンディング型ネット番組「横田一の現場直撃」のシリーズ本第三作だ。第一作「安倍・小池政治の虚飾——コロナ・カジノ・災害対応」は二〇二〇年六月に出版、その二年後の二〇二二年七月に第二作「岸田政権の正体——米国と富裕層の〝犬〟」を出したが、第三作「亡国の国賊・安倍晋三」は銃撃事件を受けて年内に緊急出版をすることになった。メインテーマは、旧統一教会と自民党のズブズブの関係。国葬で「偉大な政治家」と称えられた安倍元首相の〝厚化粧〟を引きはがし、韓国教団への日本の国富流出（高額献金）の片棒を担いでいた〝国賊〟ぶりを早急に紹介したいと考えたのだ。税金投入をして無理矢理作り上げられた虚像を打ち砕き、あらゆる分野で国益を毀損してきた〝アベ政治〟の実像（大罪）を曝け出したいと思ったともいえる。

旧統一教会取材歴四十年の有田芳生・前参院議員が勧める、韓国MBCテレビが放送した「PD手帳　安倍、銃撃犯そして統一教会」（第3章で紹介）は日本国民必見の特集番組だ。表の顔と裏の顔を持つ二人——愛国者面をした国賊（売国奴）のような安倍元首相と教祖面した守銭奴紛いの韓鶴子総裁——のおぞましい姿を浮き彫りにするものであるからだ。そして素朴な疑問も浮かんできた。韓国をキーセン（売春）大国と誹謗中傷、元慰安婦を嘘つき呼ばわりにもしながら日本の加害責任を否定してきた安倍元首相（第10章参照）がなぜ、慰安婦問題など植民地支配への贖罪意識をネタに日本人から高額献金を集めていた旧統一教会とズブズブの関係を築き上げ、守銭奴のような韓総裁を称えるビデオメッセージまで送ったのか。十月二十九日の産経新聞には「旧統一教会問題 〝沈黙〟の保守に矜持はないのか！」と疑問を投げかける記事が出たが、私が行き着いた答えは「安倍元首相は保守の矜持をかなぐり捨てた無節操なエセ保守だった」である。

安倍元首相の最重要事項は、国政選挙での勝利（権力の維持）であったに違いない。だからこそ正反対の歴史観を持つ旧統一教会であっても、自民党への選挙支援（信者の無償労働提供）をしてくれる〝アベ友教団〟と捉えて三代にわたって関係を続ける一方、自らも広告塔になってお墨付きを与え、高額献金に厳しい規制をかけることもなかった。韓国教団への国富流出（高額献金）よりも自民党が政権与党であることを優先したともいえる。

一方の韓総裁率いる旧統一教会は献金至上主義。バイブルともいえる原理講論に悪の国・日本の加害責任（慰安婦問題や徴用工問題など）を明記して日本人信者に贖罪意識を植え付け、高額献金はもちろん合同結婚式で結ばれた韓国人男性に尽くすことも求めた。不可思議なことに、慰安婦否定の歴史修正主義者だらけの自民党への選挙支援（信者の無償労働提供）も常態化していた。傍目には教典と矛盾する罪深き行為に見えるが、献金額を最大化する〝方便集〟と捉えるとこの謎も氷解するのだ。

選挙至上主義の自民党と献金至上主義の旧統一教会の合体――その象徴的映像が安倍元首相の韓総裁称賛ビデオ――こそが、信者の家庭崩壊などの被害拡大を招いて銃撃事件の引き金となったと考えられるのだ。献花台の安倍元首相の遺影を見ても「因果応報」「自業自得」「身から出た錆」という言葉しか思い浮かばなかったのはこのためだ。MBCの特集番組を見た後は、「支離滅裂」「厚顔無恥」「無節操なエセ保守」と呆れ返ったのも同じ理由からだ。

この不都合な真実を岸田文雄首相（自民党総裁）は直視しようとしなかった。教団票を差配していた元締め的存在の安倍元首相の調査を否定。銃撃事件から四カ月半以上経った現時点（十二月五日）でも、韓国教団への日本の国富流出（高額献金）を根絶する救済新法成立は微妙な情勢にある。政府案概要に対して野党や全国弁連や二世信者が「役に立たない」と批判したのを受けて岸田政権は、配慮義務規定を新たに加えた条文案を出してきたが、全国弁連は十一月二十九日の緊急会見でも「配慮義務にとどめては迅速な救済は望めない」と再びダメ出しをして翌三十日の参院予算委員会でも同様の主張を繰り返した。しかし岸田政権は「全ての被害者を救うことはできない」などと主張して十二月一日に閣議決定をしたが、さらなる修正を求める野党との間でギリギリの攻防が臨時国会会期末（十二月十日）まで続くのは確実。全国弁連や被害者が納得する実効性のある条文へと修正されるのか、ザル法のまま強行されて「やっている感」演出で事足りるのかを見極める必要があるのだ。

参院選中の二〇二二年六月に第二作の原稿をまとめた後も「まずは現場に駆け付けて、週一回のネット番組（月曜二十時から生配信）で紹介する一方、月刊誌『紙の爆弾』などで記事も書いていく」という〝先行投資型の取材スタイル〟を続けることができた。配信回数は一六七回（二〇二二年六月十三日）から一九一回（同年十一月二八日）となり、開始当初は四千程度だった視聴数も平均で三万から四万で推移（過去最高は八万七千）、カンパ額も八月に月五〇万円超と過去最高を更新した。七月十一日生配信の「横田一の現場直撃」の冒頭で、「井上（義行）先生は食口（信者）になりました」と教団幹部が挨拶する支援集会（第2章参照）の写真と音声を紹介すると、その後、民放各局から素材提供要請が相次ぎ、「横田一提供」とクレジットを記した静止画像（写真）と音声が二五もの番組で流れた。これで認知度が一気にアップしたようで、「祝　スクープ」と銘打った八万円の振り込みがあるなどカンパ額がこの月に限って跳ね上がったのだ。

動画配信チャネル「デモクラシータイムス」の番組群（YouTubeで無料公開）の一つとして、「横田一の現場直撃」が産声を上げたのは、二〇一八年七月二十五日。同チャネルの看板番組「ウィークエンドニュース」の収録後に司会の高瀬毅氏（ジャーナリスト）と懇談している時に「地方（現場）取材のニュース番組も作ろう」と意気投合、すぐに賛同していただいた升味佐江子弁護士が司会の新番組が翌週からスタートしたのだ。ただし政治家ら有名人を待ち構えて声かけ質問、その様子を冒頭動画で紹介していく直撃方式は当初から同じ。カンパを交通費に回して参院選激戦区（宮城選挙区や福島選挙区など）を取材、安倍元首相や岸田首相ら大物政治家に向かって「アベノミクス、異次元金融緩和を見直さないのか」「行過ぎた円安で物価高騰で庶民は苦しんでいる」と大声で叫んだのも（第1章と第5章参照）、同じ直撃手法を繰り返していった産物であったのだ。

目標とするは、韓国ドキュメンタリー映画『共犯者たち』に登場する韓国の代替メディア「ニュース打破」（第一作と第二作のあとがきでも紹介）。保守政権時代に退職に追い込まれたテレビ局のジャーナリストらが立ち上げ、政権に忖度しない番組をネット配信。今では、四万人市民から集めた年間五億円を元に調査報道番組を発信し続けているのだ。しかも、その取材手法はアポなし直撃取材。テレビ局の現場から外されたチェ・スンホ監督自身（後にMBC社長に復帰。第3章で紹介した特集番組を制作）が「ニュース打破」の記者として、メディア介入を始めた保守政権に協力したテレビ局関係者（共犯者たち）に声をかける場面が何度も映画に出てくるが、この手法を私も四年間にわたって真似し続けていたのだ。

校了直前に関連ニュースが二つ飛び込んできた。一つは、昭恵夫人の家庭内野党ぶりを紹介した第7章に登場する東洋文化研究者のアレックス・カー氏に関するもの。『美しい国へ』を出版した安倍首相（当時）は所信表明演説にカー氏の文言を引用していたのに、カー氏は、海や川をコンクリートまみれにする〝アベ土建政治〟に昭恵夫人とシンポで批判。最も身近な妻と信奉する専門家にダメ出しをされた不都合な真実を紹介したわけだが、同じような環境破壊事業（護岸工事）が鹿児島県の奄美大島嘉徳浜で強行されようとしている。海辺の国際シンポでカー氏は次のように訴えていたのだ。

「天然の砂丘があり、河口の堤防や護岸のない奄美で最後の自然海岸集落嘉徳を訪れて、素晴らしい、平和な、元気づけられた気分になることは不思議なことではない」「しかしそれでも県と地元行政は日本の最も大切な自然資産の一つである場所をコンクリートで埋めてしまおうとやる気満々のようだ」

〝アベ土建政治〟は菅政権から岸田政権へと引き継がれて各地にはびこり続け、二〇二一年七月に世界自然登録が決定した「奄美・沖縄」でも、国際的に高く評価されている嘉徳浜をぶち壊そうとしている。『美しい国へ』を出版しながら海の景観を台無しにする防潮堤建設を止めなかった安倍元首相と二重写しになるが、自民党支援の建設業界が潤う〝アベ友優遇政治〟も清算すべき負の遺産なのだ。

もう一つは、第3章と第10章で取り上げた日韓歴史認識問題に関する記事が相次いだこと。「パッチギ!」などで在日韓国人の役を演じた女優の真木洋子氏は、韓国メディア「OSEN」の十一月九日の記事の中で、独学で日韓の歴史を勉強したことを明らかにした上で「過去のことを謝罪したかった。私が日本人だという事実が恥ずかしかった」と述べた。これに対して日本の週刊誌がすぐに反応。アサヒ芸能は十一月十二日に「真木よう子の『歴史発言』が大問題に!」という批判的記事を出し、十七日にも「大放言余波が止まらない!」と畳み掛けると、週刊女性も十一月十八日に「歴史問題を韓国メディアで語り炎上、問題発言の背景」と銘打って報じたのだ。

注目されたのは、「パッチギ!」に出演した二〇〇五年当時の話として真木氏が語った次の部分だ。「(在日韓国人について)教科書では学べなかった内容も多くて、直接図書館に行き、本を読みながら独学で歴史を勉強した。その時、初めて在日韓国人が日本にいることになった理由、歴史について知った。そうしたら日本の教科書で教えられる歴史が恨めしくもあり、過去の出来事をすごく謝りたいと思った。若い時は、自分が日本人だという事実が恥ずかしいと思った」

的確な指摘とはこのことだ。韓国をキーセン(売春)大国と誹謗しながら慰安婦は商行為なので問題なしと主張してきた安倍元首相らは、歴史教科書から慰安婦問題などの記述を削除する運動を進め、日本の植民地支配の加害責任に学ぶ機会は少なくなっていった。今でも埋め難い歴史認識のギャップが両国間に存在し、日韓関係改善の足かせにもなっているのはこのためだ。このことを真木氏は自らの体験を元に語ったといえるのだ。日韓関係改善にも役立ちそうな勇気ある発言に違いないのに、歴史修正主義者が幅を利かす時代が長く続いているせいか、支持よりも批判や非難をする報道が多い状況になっている。

しかし日本の植民地支配の加害責任をきちんと教えない歴史教育の空白状態こそが、旧統一教会が慰安婦問題などを強調して日本人信者に贖罪意識を受け付ける要因となり、付け入る隙を与えていたことにもなる。これもまた安倍元首相が残した負の遺産であり、これから清算するべき課題でもあるのだ。

経済・外交・内政などで失敗続きだった安倍元首相を国葬で神格化し、アベ政治をほとんど見直そうとしない岸田政権（首相）のままでは、国民の生命や財産が脅かされるリスクは高まる一方だ。そんな権力者は一日も早く交代させた方がいい。これが半年間の現場直撃をまとめた本書の結論なのだ。

[著者略歴]

横田　一（よこた　はじめ）

1957年山口県生まれ。東京工業大学卒。奄美大島宇検村入植グループを右翼が襲撃した事件を描いた「漂流者達の楽園」で、1990年ノンフィクション朝日ジャーナル大賞受賞。その後、政官業の癒着、公共事業見直し、国会議員（特に族議員）ウォッチングを続ける。2018年に動画配信の「デモクラシータイムズ」で「横田一の現場直撃」を開始。週1回の配信をしている。

記事の掲載媒体は、「日刊ゲンダイ」「日刊SPA!」「データマックス」「IWJ」「政経東北」など。

著書『岸田政権の正体』『安倍・小池政治の虚飾』『検証・小池都政』『シールズ選挙〈野党は共闘！〉』『政治が歪める公共事業』『所沢ダイオキシン報道』（共著）、『イージス・アショアの争点』『どうする旧国鉄債務』、（いずれも緑風出版）、『テレビと政治』（すずさわ書店）『トヨタの正体』（共著）、『亡国の首相安倍晋三』（七つ森書館）などがある。

横田一の現場直撃Ⅲ

亡国《ぼうこく》の国賊《こくぞく》・安倍晋三《あべしんぞう》——旧統一教会との癒着

2023年1月15日　初版第1刷発行　　定価1,700円＋税

著　者　横田　一©
発行者　高須次郎
発行所　緑風出版
〒113-0033　東京都文京区本郷2-17-5　ツイン壱岐坂
［電話］03-3812-9420　［FAX］03-3812-7262［郵便振替］00100-9-30776
［E-mail］info@ryokufu.com［URL］http://www.ryokufu.com/

装　幀　斎藤あかね
制　作　アイメディア　　印　刷　中央精版印刷
製　本　中央精版印刷　　用　紙　中央精版印刷　　E1200

ISBN978-4-8461-2219-5　C0031

検証・統一教会＝家庭連合
霊感商法・世界平和統一家庭連合の実態
山口広著
四六判並製
三九二頁
２５００円
統一教会の被害にあった人、また加害者であり続ける信者たちも、かつてはまじめで嘘をつけない人だった。統一教会は彼らを資金集めの手段として利用している。違法行為を正しいこととして思い込めせ、悪用している。

青春を奪った統一教会
青春を返せ裁判（東京）の記録
青春を返せ裁判（東京）原告団・弁護団 編著
Ａ５判上製
五四八頁
５８００円
統一教会の「神」にお金を捧げることで人は救われると信じ、何万円もの人参・濃縮液を売ったりして、青春の全てを捧げて活動し、裏切られ、疑問を持ち、脱会した元信者たちが統一教会を告発。青春を返せと訴えた訴訟の全記録。

統一教会信者を救え
杉本牧師の証言
杉本誠・名古屋「青春を返せ裁判」弁護団 編著
四六判並製
二五九頁
１９００円
杉本牧師は、マインドコントロールされ、心も体もボロボロにされた信者の説得・救出活動を永年、展開してきた。本書は、霊感商法に利用され、青春を奪われた元信者らがおこした「青春を返せ訴訟」で、同氏が語った救出証言。

宗教名目による悪徳商法
日弁連報告書に見るその実態と対策
宗教と消費者弁護団ネットワーク編著
Ａ５判並製
二五六頁
２５００円
宗教を装い、しのびよる悪徳商法その他による被害はあとを絶たない。本書は長年被害者救済に携わってきた弁護士グループが、その実例と問題点、対応策を提示。日弁連の三報告書とあわせて、被害の根絶を世に訴える。

統一教会合同結婚式の手口と実態
全国霊感商法対策弁護士連絡会他著
Ａ５判並製
二七二頁
２５００円
タレント信者の参加と脱会で注目を集めた統一教会合同結婚式が、九七年、更に大規模に行われた。本書は、統一教会の被害者救済にあたる三つの団体が、資料と証言をもとに「式典」の実態を明らかにし、その危険性を強く訴える。